Plus je regarde les hommes, plus j'aime les femmes

Cavanna

Plus je regarde les hommes, plus j'aime les femmes

Albin Michel

À vue de nez...

« À vue de nez, il est dix-sept heures... » Vous l'avez tous lue, cette phrase historique. Elle s'étale assez gros sur les murs et dans le journal, avec une photo toute en couleurs où une appétissante petite poulette de bureau lève le bras pour tendre un papier, mettant à l'air une aisselle innocente qui fait froncer de dégoût le pif polytechnicien d'un PDG vachement jeune patron, play-boy, after-shave et, cela va de soi, célibataire. Tout un roman-photo... Le triste binoclard rongé d'hémorroïdes qui a pondu ce coup de génie a certainement été appelé dans le bureau du grand patron de la boîte de publicité pour toucher une prime exceptionnelle et un cigare.

Quel tact ! Quel goût ! Quel humour !

Ça s'appelle créer un nouveau secteur de demande, ou quelque chose comme ça. Ça veut dire que les marchands de savonnettes ont pressé le crâne de leurs petits chimistes pour en faire sortir un nouveau produit à arrondir leur compte en banque. Maintenant, il faut forcer les gens à l'acheter. En avant les techniciens de l'action psycho !

Arriver à persuader les Français que l'odeur de

femme est répugnante, ça a l'air d'un pari d'ivrognes. Eh bien, figurez-vous, ça marche !

Ça a d'abord marché en Amérique, évidemment. Là-bas, pas de problème, du moment que la publicité le dit, c'est vrai. L'image que le cadre moyen yankee se fait de la femme, on la connaît : un bel objet de vitrine en métal chromé, bordé de vison, made in Hollywood, aseptique, incolore et inodore. Elle peut ne pas être frigide, ce n'est plus tellement « in » depuis que Freud a été vulgarisé en bandes dessinées. L'idéal suprême de notre société étant le way of life américain, nous commençons, puissamment aidés par les joyeux petits missionnaires de la publicité, à perdre nos crasseuses habitudes de sous-développés du standing et à comprendre ce qui est vraiment bon, c'est-à-dire ce qui, d'une façon ou de l'autre, fait marcher le commerce.

La grande croisade des « déodorants »[1] ravage les âmes candides de nos bonnes femmes. Les hommes marchent aussi, d'ailleurs, ces cons. On veut nous faire entrer dans la tête – et on y arrivera, suffit de mettre le paquet – qu'une femme qui sent la femme est une sale, que l'idéal sexuel du mâle civilisé est une poupée de plastique arrosée au n° 5 de Chanel, que ceux qui aiment l'« odore di femmina » sont des vicieux, des pervertis, des satyres et des vieux cochons, hou les sales bêtes, elles ont du poil aux pattes !

Si bien que les bons cons vont finir par avoir honte d'aimer ça. Les sales cons, eux, ne manqueront pas de découvrir que c'est moi le vicelard, le cradingue, le vieux sale de la braguette au cerveau plein de cloportes, l'anormal qui bande dans les relents de sueur rance et d'urine fermentée, le déposeur de croûtons

1. Déodorer n'est pas français. On a « désodoriser », qui dit bien ce qu'il veut dire. Oui, mais, ce n'est pas anglo-saxon.

dans les pissotières. Me voilà perdu de réputation. Ma concierge va me balayer les épluchures sur les pieds.

Ça ne fait rien, rien que pour voir. Je suis sûr que vous lirez ça jusqu'au bout. Alors, écoutez bien. Je dis qu'une femme propre qui prend sa douche chaque matin et chaque soir, qui se lave les dents et qui s'essuie le cul après pipi ne peut pas sentir mauvais. Ou alors il faut qu'elle y mette du sien : qu'elle se roule dans le fumier, par exemple, ou qu'elle se colle des camemberts très faits dans les endroits intimes, ou encore qu'elle ne change de linge que lorsque les asticots s'y mettent...

Si sa douce odeur de corps plein de santé, sa joyeuse odeur de bonne vie vivante et chaude vous est insupportable, c'est que vous êtes des pédales qui s'ignorent. Vous croyez aimer la femme et vous n'aimez que ce qui la nie. Ayez le courage de vous regarder une bonne fois dans une glace et allez vous faire foutre, cher ami. Vous serez enfin heureux et vous ne viendrez plus fourrer dans les chères petites têtes de nos femmes l'idée tordue qu'elles sont des objets répugnants qu'il faut sans cesse désinfecter et camoufler.

Les marchands de savonnettes nous emmerdent. Ne nous laissons pas faire. Si vous vous apercevez que votre petite amie a autant de saveur que du poulet aux hormones, confisquez le « déodorant ». Si elle s'obstine, refusez-vous. Na. Et si vous rencontrez le mec qui a eu le trait de génie « À vue de nez, etc... » cassez-lui la gueule.

D'abord, l'usage des bombes à étrangler l'odeur dans l'œuf est tout à fait anti-hygiénique. Je m'explique. Des tas de petites feignantes, se reposant entièrement sur le produit, croiront pouvoir se dispenser de se laver. Elles se contenteront de désodoriser – pch, pch – le tas de fumier, et hop !

Non, mes frères, non mes sœurs, une femme propre

et saine ne sent pas mauvais. J'irai même plus loin, et que celui qui n'est pas d'accord me jette le premier pain de Rexona à la gueule : c'est à partir de dix-sept heures qu'elles nous émeuvent le plus profondément.

Il y en a qui préfèrent les rousses, d'autres les brunes, d'autres les négresses. Pauvres petites conasses, vous croyez que c'est pour l'effet esthétique ? Quand vous sentirez toutes la boutique de coiffeur chic, nous vous baiserons comme les hépatiques absorbent leur riz à l'eau sans sel et sans beurre : machinalement.

P.S. Ces salauds-là ne s'en tiennent pas aux dessous de bras ! Voilà maintenant qu'ils disent carrément, avec images suggestives à l'appui, qu'il faut « déodorer » AUSSI l'autre intimité ! Vous m'avez compris... Mais qu'est-ce que c'est que ces châtreurs ? Il faut les tuer tous, bon dieu ! Tous ! Tacatacatac...

Les femmes de Copenhague

La Foire Pornographique du Danemark a été un tel succès que la Suède veut en faire une aussi. Chez nous, ça ne pourrait jamais marcher. Le peuple français est trop sain. Il a profondément le sens de la pudeur. L'érotisme tue l'amour. D'ailleurs, les Danois se suicident avec des statistiques effrayantes, c'est bien connu. Dans les rues de Copenhague, toutes les femmes montrent leur zinzin, assises au bord du trottoir, cuisses grandes ouvertes. Elles écartent les grandes lèvres avec leurs index pour qu'on voie les petites lèvres, et les petites lèvres avec leurs majeurs pour qu'on voie le vagin, et le vagin avec leurs annulaires pour qu'on voie le museau de tanche, mais après, c'est trop profond, alors le petit riquiqui n'a rien du tout. Quand on a vu un vagin, on les a tous vus. C'est rose, ça fait la grimace, c'est pas très causant. Les hommes ne s'arrêtent même pas. Ils courent se suicider, le nez dans leur journal. Tous les matins, dans les rues de Copenhague, c'est plein de types pressés avec une musette sur l'épaule qui courent prendre le métro de Copenhague pour aller se suicider, par là, on ne sait pas trop où, au terminus peut-être bien. Des fois, sur les trottoirs, on voit des couples faire l'amour, ou des trios, ou des files d'attente. Mornes, naturellement. Et vite fait. Ils sont pressés d'aller se suicider. Les enfants danois savent qu'ils naissent dans des vagins, pas dans des choux. Ils n'ont jamais vu de choux. Il n'y a pas de choux, au bord des trottoirs, entre les cuisses de leurs mamans. Ils croient que la choucroute est faite avec des vagins. Vous voyez où le besoin de mystère va se nicher ! Chassez le mythe par-devant, il revient par-derrière.

Les Suédois et les Danois sont des Scandinaves. Ils ne savent pas rigoler. Ils boivent des saletés trafiquées. Ils mangent des boulettes avec de la confiture. Ils sont protestants. Ils sont trop heureux, en plus. Le bonheur, c'est pas si bon que ça. Il faut du mystère au sexe, et ça, c'est un Français qui vous le dit. Vous n'allez quand même pas apprendre à un Français ce que c'est que l'amour ? Il faut du frou-frou dans l'amour, et du fruit défendu, et des serments, et du drame. Ces Suédois ! Ils se lavent trop ! L'amour, il faut que ça sente un peu le pipi. Un peu l'encens, aussi. Enfin, quoi, toutes ces grandes belles salopes suédoises, qu'est-ce qu'elles viennent chercher chez nous, hein ? Ce qui leur manque, parfaitement. Et ce qui leur manque, c'est un slip, d'abord. Noir. Avec de la dentelle rouge et une fente garnie de fourrure. Ça, c'est Paris. Ensuite, un mâle, un vrai. Un qui leur demande où qu'elles vont comme ça toutes seules vous permettez que je vous accompagne y a tellement de sales types qui pourraient vous importuner, et qui leur offre un verre, et qui les emmène voir sa collection de boîtes d'allumettes, et qui leur met la musique douce en sourdine – Mozart, vous connaissez ? – et qui leur dise t'es à moi, rien qu'à moi, si tu en regardes un autre je te tue, je le tue, je me tue, je me rate, je tue le chat et je vends le papier à *France-Dimanche*.

On n'est pas des bêtes, quoi.

Quand parlent les glandes

Les étudiants, ça se croit intelligent. Eh bien, ils ne le sont pas tant que ça. Les flics, tenez. Les étudiants n'aiment pas. Ils ne savent pas pourquoi, remarquez. Enfin, bon, ils ne les aiment pas. C'est du folklore, ça. Du folklore de chez nous. À l'automne, les étudiants reviennent. Alors, les flics refleurissent. L'automne, c'est le printemps de Paris. Les flics sont tristes et desséchés quand les étudiants ne sont pas là. On les rentre dans leurs orangeries à flics, et ils desserrent leur ceinturon, et ils pensent dans leur tête aux beaux jours enfuis en buvant du douze supérieur de la cantine. La cantine leur fait dix pour cent par caisse de dix. À l'automne, hop, dehors. Quelle splendeur, tous ces uniformes chatoyants comme des corolles ! Mais les étudiants, ça ne sait pas apprécier. Alors, c'est l'escalade de la haine. Ah, si un étudiant, un seul, rien qu'une fois, brisait le cercle maudit, si un étudiant, un seul, s'approchait d'un flic et l'embrassait à la face du monde, de préférence sur la bouche... Hélas, c'est un beau rêve... Les étudiants, ça se croit plus intelligent que les personnes normales. Moi je dis attention, polope, intellectuel et intelligent, ça fait deux, pas confondre, eh là, minute, je sais pas si vous me suivez btil, ça. Bon. Les étudiants, parce que ça ics, ça se figure que tout le monde est ien, au lieu d'écrire des saletés sur les diants, ils feraient mieux de se poser des u sujet, par exemple, des étudiantes. Les étudiants, ils feraient bien de se demander si vraiment les étudiantes haïssent automatiquement les flics autant qu'ils les haïssent eux-mêmes. Enfin, quoi, c'est vrai, quoi, pensez seulement à l'effet que doivent produire sur des âmes romanesques de jeunes filles ces grands beaux gaillards bien virils, bien nourris, bien sanguins, puissants et souples comme de grands fauves, implacables comme des anges noirs, sombres et pensifs comme des enclumes, sévères mais justes comme l'avalanche, avec leurs délicates oreilles roses qui flottent dans la brise, leurs beaux cheveux bouclés jaillissant de leurs deux narines qui vous regardent bien en face et les fines veines bleues qui dessinent de gracieux entrelacs sur leurs joues bien rasées ! Les voyez-vous, les grands rapaces, bardés de cuir et d'acier, casqués, masqués, bottés, blindés, cuirassés, hérissés, renforcés, rivés, soudés, vissés, arc-boutés, boulonnés, crénelés, fortifiés, barbelés, cloutés, nickelés, ignifugés, imperméabilisés, climatisés ? Les voyez-vous, les immenses, dans le haut soleil, éblouissants de cuivres, de chromes, de cirage et de bonne conscience ?

Il faut se mettre à la place des gens. Les filles, ça ne peut pas être subversif de bon cœur. Enfin, pas tant que les forces de l'ordre seront des mâles, et des mâles avec, apparemment, tout ce qu'il faut. Leurs glandes les trahissent. C'est la nature, que voulez-vous. Faudrait pas oublier ça. Elles comparent, les filles. À côté des CRS aux terribles encolures, les étiques étudiants, avec leurs joues creuses, leurs barbes de christs anémiques et leurs cous de poulets perdus dans le désert d'un col roulé qui pend sur l'estomac, ils ne font pas le poids, les pauvres petits.

Les mignonnes ont beau se concentrer, la révolution d'un côté, les mâles aux cuisses musclées de l'autre... Conflit. C'est pas humain. Alors elles lancent le pavé, comme ça, sans conviction, en attendant la baffe. La bonne baffe sur la gueule que toute femelle espère, c'est bien connu, quoi, merde, c'est de la psychologie, ça. Elles en rêvent, les pisseuses, de fessées, d'arrachages de robes, de saccage de linge, elles l'attendent, le viol collectif par ordre hiérarchique dans la grosse odeur de buffleteries bien graissées et de mégot froid. Les flics, c'est la Légion étrangère des petites gosses de Paris.

La révolution, voyez-vous, ça se passe dans la tête. Logique et tout, petit a, petit b, justice sociale, droit aux études, CRS = SS, l'imagination au pouvoir, ouais. Mais y a pas que la tête, dans la vie. Y a aussi les glandes d'en bas. Le jus des glandes d'en bas gicle dans leurs petites veines, se rue à la rencontre du jus de la matière grise, et les deux flots impétueux s'affrontent en un formidable mascaret. Suspense. Qui sera vainqueur ? Qui refoulera l'autre ? La tête ou la glande ? L'esprit ou la matière ? Vous le saurez dans le prochain chapitre.

Tenez, les gars, pour vous faire une idée de ce que je cause, imaginons seulement que les CRS soient des femmes. Imaginons. Des femelles-flics bien girondes, le mollet accroché où il faut, la cuisse fondante, le sein bavard et l'œil humide. Tout ce tas de bonne chair fraîche sur le pavé, hein, et vous de l'autre côté de la barricade, hein, hein ? Osez me dire que vous n'y penseriez pas, salauds ? Que vous ne penseriez pas qu'à ça, hypocrites ?

En vérité, en vérité je vous le dis, si les flics avaient

des nichons et des talons aiguille, même à clous et taille 48, la face du monde serait changée.

P.-S. : Ne cherchez pas le message. C'était juste un petit machin comme ça, pour passer le temps. Il y a des gens qui ne consentent à rigoler qu'à condition que ce soit de l'humour cache-tampon : avec un message planqué dans un coin – pas trop trop planqué quand même : il faut qu'un bout dépasse, sans quoi ça devient vachement difficile et on fait des complexes. Autrement, ils disent peuh, c'était rien que de la gaudriole et rien de plus, merde, j'ai perdu mon temps à des conneries. Et ils courent voir les chansonniers, parce que là, au moins, question message, le client n'est jamais déçu.

Remarquez, si vous y tenez vraiment, cherchez toujours. Les messages, vous savez ce que c'est, rien de tel que de les cacher soi-même pour être sûr de les trouver.

Sylvette et les pas racistes

Nous autres, en France, on n'est pas racistes. Alors, on en est vachement fiers. Alors, on voudrait bien que ça se sache. Alors, on se dégonfle pas : on fout une speakeuse négresse à la télé. Noire, Ducon. Quoi, noire ? Noire, pas négresse. C'est les racistes qui disent négresse. Bon, noire. Notre, donc, speakeresse noire, c'est, pour la francophonie éparpillée sur le globe en confettis d'empire, le symbole de la France éternelle et pas bêcheuse. Dans les chaumières hexagonales (adj. qual. : qui appartient à un hexagone), ça avait surpris, au premier contact. Des gosses racistes s'étaient mis à pleurer. Les bonnes femmes avaient dit : « Non mais, regardez-moi ça, celle-là, alors, y a plus de saisons, alors. » Et puis on s'y fit. Les maris rêvèrent exotique, palmiers, hamac, danse du ventre et marché aux esclaves, et la ménagère moyenne française, heureuse et comblée, bénéficia d'un regain d'activité conjugale que ne lui procuraient plus, depuis longtemps, les gueules blafardes des nanas habituelles de service le soir au petit écran. Changement d'avouène réjouit le baudet. Une vision de tropiques sous la paupière avant de tourner le bouton, et hop, Maimaine, au pieu, faut pas laisser perdre de la bonne émouvance comme ça, viens te faire secouer le fibrome dans les hibiscus en fleur et les orchidées envoûtantes, et demain, mon banania au lit.

Un jour, Sylvette – elle s'appelle Sylvette, oui, et même Cabrisseau, vous y voyez à redire ? – traverse en dehors des clous. Un agent la siffle, elle l'envoie se faire cuire un étron dans un képi de brigadier, il lui tombe dessus avec un ou deux petits copains, Sylvette le mord – ça a de ces dents, vous savez ! Des crocs –, elle se fait un peu cabosser. Les agents ne l'avaient pas reconnue. Ils l'avaient toujours vue sans ses jambes, vous comprenez. C'est fou ce que ça change un visage, des jambes.

Naturellement, ça n'a pas loupé. Des sales types, dans les journaux, se sont mis à gueuler au racisme. Non, Messieurs les sales types, les agents de chez nous ne sont pas racistes. Syllogisme : les Français ne sont pas racistes, or les agents sont français, donc... Ils ne l'avaient pas reconnue, c'est tout. S'ils l'avaient reconnue, ils auraient pensé à se laisser aller à leur naturel pas raciste. Mais, ne l'ayant pas reconnue, ils se sont laissés aller à leur naturel tout-ce-qu'est-pas-flic-je-cogne-dessus.

Non, non et non, la police française n'est pas raciste ! Je ne me lasserai jamais de le répéter. La police n'est pas raciste, pas raciste, pas raciste. Elle tape sur les nègres parce qu'ils sont noirs, d'accord. Mais aussi elle tape sur les barbus parce qu'ils sont barbus, sur les frisés parce qu'ils sont frisés, sur les jeunes parce qu'ils sont jeunes, sur les vieux parce que ça court moins vite et sur les profs parce que si c'est à ça que ça mène l'instruction.

Et d'abord ne venez plus m'emmerder avec les flics. Je ne veux plus dire du mal des flics. Quatre procès, qu'on a sur les bras, dites, vous croyez pas que ça va comme ça ?

Sylvette Cabrisseau, elle a voulu porter plainte. Résultat : elle est poursuivie pour violences à agents. Bien fait. Oh, et puis, les nègres non plus, je veux plus en causer. Vous savez ce qu'ils ont fait, les nègres ? Ils nous font un procès. À qui ? À *Hara-Kiri*, tiens. Pour quoi ? Pour racisme. Oui, mon pote. À cause de la couverture ci-dessous reproduite, jugée « attentatoi'e aux gens de couleu' ».

Vous savez, on a du mérite.

Oraison funèbre de la mini

Bon, ben, ça y est. Ils nous ont eus. Ils y ont mis le temps. Deux ans. Jusqu'à il n'y a pas longtemps, on pouvait croire qu'on avait encore notre chance. Jusqu'à la fin août, pour être précis. Mais aujourd'hui, c'est la déroute. Pauvres de nous ! De quoi je cause ? Hé, de quoi voulez-vous donc que je cause ? De la jupe, je cause, pardi, longue, la vache. Oh les sales cons, les sales cons, les sales cons ! Que les fourmis rouges leur bouffent l'oignon, à ces tantes ! Ils nous volent, ils nous ôtent la lumière des yeux, ils nous châtrent tout vivants, les pervers margoulins assassins de la, qu'ils disent, silhouette féminine ! Et nous, les hommes, nous, avec tout le poil qu'on a sur le ventre, on est là qu'on se laisse faire, bien gentils bien sages bien esthètes bons cons. On subit la loi de ces pédales sucrées, de ces mégères gouinasses ! Au secours ! À moi, les mâles !... Mais non... Finis, bien finis, les petits popotins insolents qui dansaient comme ballons rouges au bout d'un fil... Finies les cuicuisses amies, les rondes à fossettes, et les toutes longues, les bielles bien huilées... Fini, le perpétuel printemps... Mais c'est pas possible ! Mais c'est un génocide ! Mais je vais pleurer, moi ! C'est qu'on s'y était drôlement faits, à la mini-

mini-mini ! Creusé notre nid, on avait, bien au chaud bien douillet, dans la gigotante marée rose. Un océan de féminité, un rêve de collégien, les mille et une nuits dans le métro ! C'est ça qui vous donnait du goût au diabolo-menthe, tiens, sur les Champses ou le Saint-Germain, ces millions de milliards de paires de guibolles copines qui vous picoraient le bitume, gentilles salopes, sous le pif ! Venaient vous manger dans la main. Toujours le sourire, toujours contentes d'être au monde et de voir clair. Même si la gueule, là-haut, vous le fait à la dignité glacée, elle sait pas que les cuisses, au rez-de-chaussée, vous cajolent câlin à tout va, les traîtresses. Vous consolent, vous bercent, vous sont sœur, mère, petite cousine, Ève et Vierge Marie dans le même panty. Ça vit sa vie à soi, ces petites bêtes. Au-dessous de la ceinture, l'autorité du pouvoir central s'effiloche. Les jambes n'en font qu'à leur tête. Mot d'auteur. Trois secondes de pause pour murmure flatteur. Je reprends. Jamais des jambes de femme ne vous font la gueule. Jamais ne vous snobent. Ami-ami, tout de suite, toujours. Ô heureux temps ! Que ne le suspendis-tu, ton vol... Les modes d'avant celle-là n'étaient que des modes. Celle-là, c'était la fête. Et la fête à perpète, s'il vous plaît. Parce que ce coup-là c'était parti dans le bon sens, une fois pour toutes, on marchait vers la lumière, du même pas, une chanson aux lèvres et les mains sous les jupes, une de chaque côté, les lendemains chantaient comme des rossignols, ça ne pouvait devenir que de plus en plus beau. Je t'en fous, oui ! C'était seulement le mouvement pendulaire. Le haut de la trajectoire, le momentum, et après on redescend. Le sacré vieux éculé pourri va-et-vient, l'escarpolette sans surprise qui sert d'imagination aux gars qui sont, pourtant, payés, et cher, pour en avoir. Après l'aller, le retour. C'était court ? Ça sera long. Et paf ! Trouvaille. Génie. Où vont-ils chercher tout ça. Grande loi des alternances. Rythmes éternels. Cycles, cosmos et rig-véda. Connes inspirées de fienter leur prose lyrico-publicitaire dans magazines à faire rêver les merdeuses et confectionner les confectionneurs. Alors, voilà. On nous rabat le rideau, zip, à ras de trottoir, sèchement. Du même coup, on nous flash-baque trente berges à rebrousse-poil. Nous voilà catapultés cul par-dessus tête dans un de ces cafardouillards films des années trente-quarante, vous savez, ceux que la télé enfourne à la louche aux pépères à dentier, le dimanche après-midi, pour les aider à faire leur rot avant la sieste. Deanna Durbin, Martine Carol, vous voyez le genre. Tailles serrées, plissés soleil jusqu'aux chevilles, chemisiers bouffants, queues de cheval et raquette sous le bras. À dégueuler.

Les petites aussi, elles pleurent. Faudrait pas croire. Surtout les bien servies en jambonneaux mignons, bien sûr. Mais aussi les autres. Avec la jupette rase-zizi, même les boudins étaient bandantes. Alors, elles voudraient bien résister. Dire zut à la jupe-éteignoir, crânement, et continuer à propulser leur petit trou de balle au nez des passants, envers et contre tout. Oui, ben, polope. Ils ont prévu le coup, les affameurs. Essayez donc à l'heure qu'il est d'acheter une jupe qui ne soit pas un machin de cheftaine scoute des années 1910. Vous comprendrez ce que je veux dire. Alors, les petites, elles se cramponnent à leur mini de l'an passé jusqu'à ce qu'elle soit vraiment trop pleine de trous, l'extrême extrême limite, et, à la fin des fins, faut bien qu'elles y passent. Et puis, il y a les copines qui se foutent d'elles, c'est humain.

Bon, bon. Le vieux cochon qui a sa bauge dans le cœur de l'homme va retourner faire dodo. On ne lui permettra de se réveiller que dans l'intimité. Finie la fête. Petite compensation : j'espère que les jupes longues vont rendre inutiles ces saloperies de collants et nous ramener les bas, les jarretelles et tout le petit harnachement barbare si cher au cœur des vrais fétichistes. Quand je pense aux jeunes, je veux dire les tout jeunes tout jeunes, les marmousets qu'ont fait leur puberté pendant le règne de la mini, ils ont pas connu les porte-jarretelles, ces petits-là. Ils vont découvrir ça comme des fous. Ils ne connaissaient que le coït dans la camaraderie, l'hygiène et la rusticité, ils vont se vautrer dans le vice et le falbalas avec une ardeur de séminaristes lâchés chez Fellini. Ah, nous sommes bien peu de chose, dans cette vallée de larmes.

Décidément, je dois être réac. À mort. Ça perce de plus en plus. La femme-objet, la craquette idole sur écrin de velours rouge... Eh ben, mon 'ieux...

343 salopes

Les salopes !

Les salopes, les salopes, les salopes !

Pourquoi m'ont-elles fait ça, à moi ? Qu'est-ce que je leur avais fait, moi ? Et voilà : maintenant, je ne pourrai plus les voir autrement que couchées sur le dos, cuisses en l'air, ouvertes béantes fracturées à la pince-monseigneur, des caillots pleins les poils, dégoulinantes de sang noir et de toutes ces saloperies gluantes dont elles ont le secret... Qu'est-ce qu'elle devient, la poésie, là-dedans ? Au secours ! J'ai besoin de poésie, moi ! La femme, son mystère, ses lys, ses roses, son satin, sa fleur secrète, sa grotte miraculeuse... Mon Dieu, mon Dieu, qu'est-ce que je vais devenir ?

Je m'en doutais bien un peu qu'elles faisaient des choses derrière notre dos. Des choses malpropres, pipi, caca, bébé. Des choses malpropres et malhonnêtes : avorter. On chassait bien vite la vilaine image. Tant que ça se passait en dehors des heures de service – je veux dire en dehors des instants ineffables – rien à dire. Mais voilà qu'elles nous fourrent le nez dedans. Impossible de continuer à ignorer que le boudoir est contigu à la salle de bains, que l'alcôve débouche sur la salle d'opérations. La femme sans son piédestal, ce n'est plus qu'une fente. Même pas : une blessure, et qui tient à nous faire savoir qu'elle peut n'être que barbaque saignante et geignante.

J'aurai du mal à m'en remettre. Traumatisé profond. En tout cas, les 343 bonnes femmes de la liste de l'*Observateur*, qu'elles ne comptent plus sur moi pour draguer dans leurs eaux. Tant pis pour elles, elles ne savent pas ce qu'elles perdent. Le tirage de cet hebdomadaire va monter terrible. Tout le monde voudra savoir si, par hasard, il n'y aurait pas sur la liste le nom de la petite belle-sœur, ou celui de la prof d'anglais du gosse, celle qui fait tant la fière. Dès la semaine prochaine, tous les autres journaux vont en faire autant, concurrence oblige. Ce sera à qui publiera la plus grosse liste, les plus beaux noms. Moi je vous le dis, on n'a pas fini de souffrir dans notre psychologie, nous les mâles.

J'ai lu toute la liste. Je ne connais pas toutes ces nanas, mais j'ai quand même vu qu'il y a là-dedans beaucoup d'actrices, de femmes de lettres, de journalistes. Celles-là sont plus salopes que les autres, je m'en étais toujours douté. Sauf les journalistes de la *Croix*, peut-être. Je n'ai pas vu un seul nom de journaliste de la *Croix*. Je sais ce qui me reste à faire. Je ne draguerai plus qu'à la *Croix*. Oui, mais, à la *Croix*, les bonnes femmes, c'est des curés. Évidemment, ça donne à réfléchir. Avec un curé, on ne sait jamais où on met les pieds, c'est toujours pour le bon motif. On commence par se parler dans le cou, les doigts enlacés, on se retrouve avec une hostie dans la bouche, si tu la mords tu vas en enfer. Oui. Je ricane bêtement. Je devrais pas.

Le professeur Paul Chauchard, directeur à l'École des Hautes Études, ne rigole pas, lui. Pour le professeur Chauchard, l'avortement est un assassinat, et pas seulement l'avortement mais toute manœuvre contraceptive, y compris la masturbation. Le professeur Chauchard, cela va de soi, parle en scientifique strict, et c'est, bien sûr, pure coïncidence si ses conclusions « objectives » sont exactement celles que pourrait avoir le bigot enragé qu'il se glorifie d'être en dehors des heures de bureau. Le professeur Chauchard est une espèce de dingue mystique, anachronique et effrayant, pour qui le souci de sauver son âme éternelle passe avant tout. Ses conclusions « objectives », le professeur Chauchard va humblement les chercher au confessionnal. L'Église catholique ayant récemment renforcé sa traditionnelle position en faveur du lapinisme à outrance, on sait d'avance ce que vont être les conclusions d'un Chauchard, et peu importent les chemins qu'il empruntera pour y arriver, ce ne sont qu'arguments a posteriori auxquels, peut-être bien, il se laisse prendre lui-même.

Nous sommes en ce moment sur terre plus de trois milliards de bonshommes, dont les deux tiers ne mangent pas à leur faim. Dans vingt-cinq ans, nous serons six milliards. Tout le monde sait ça et le répète, tout le monde sait aussi qu'on ne pourra, au mieux, nourrir en suffisance qu'un cinquième à peine de ces six milliards. En même temps que le nombre des bouches à nourrir croît en catastrophe, leur qualité génétique diminue, parce que les tarés non stériles ne meurent plus avant d'avoir procréé, parce que aussi les radiations dangereuses croissent en quantité, et ça ne fait que commencer. Le niveau physiologique, intellectuel et caractériel de l'ensemble humain ne peut que baisser. La courbe plonge déjà.

Et c'est dans ce moment que l'on se cramponne au tabou du Plus Grand Nombre ! Que les gouvernants, bien soutenue par l'Église, poussent aux familles nombreuses ! C'est pas un crime, ça ?

Alors que s'il faut restreindre la liberté de procréer,

c'est dans l'autre sens ! Et impérieusement ! Et vite ! Foutre en taule les pères de plus de deux enfants. Stériliser les pères de plus de trois. (Ça ne fait pas mal, ça n'empêche pas de bander, ni d'éjaculer, ni, donc, de faire plaisir aux dames. Alors...) Oui, j'en vois qui ouvrent la bouche pour gueuler au malthusianisme et au nazisme. C'est des vilains mots, ça. Tournez sept fois votre langue.

Pour l'Église, pour les croyants, tous les humains se valent, tous sont également sacrés, puisque tous ont une âme, peu importe sa qualité, c'est Dieu qui l'a mise là-dedans. Les âmes « mauvaises », Dieu se les fera souffrir éternellement, bien à son aise, c'est ses oignons, on n'a pas à s'en mêler. Mais l'explosion démo ? Mais la famine, la misère, la catastrophe ? Pas nos oignons. Dieu y pourvoira. Baise, ponds, bosse, sois bien poli, dis tes prières, on t'en demande pas plus, le paradis est au bout. Le niveau mental baisse ? Excellent, ça. L'intelligence est la mère de tous les vices.

Bizarrement, le sacro-saint tabou du respect de la vie, si strict quand il s'agit d'un embryon, voire d'un spermatozoïde, s'assouplit beaucoup en ce qui concerne les individus mâles de 18 à 45 ans aptes à porter les armes. Oh, l'Église condamne la guerre de façon générale, la guerre quel dommage, mon Dieu, mon Dieu, mais elle ne s'est jamais opposée à UNE guerre. Elle n'a jamais excommunié un chef d'armées. Elle bénit les drapeaux et les vaisseaux de guerre.

Et puis, tiens, j'en ai marre. J'avais pris le coup de sang devant la flaque de diarrhée du père Chauchard. Ça va déjà mieux.

Les femmes ne veulent plus être des pondeuses à tout va. Elles veulent pondre si elles en ont envie, quand elles en ont envie. Au nom de la liberté, au nom du droit à organiser sa vie comme on l'entend du moment que ça n'emmerde personne. Il se trouve que cette recherche du bonheur individuel converge avec la nécessité de stopper la machine démographique emballée. Alors, vive les bonnes femmes ! Et il ne faut pas s'en tenir là. Pourquoi ne pas lancer une formidable campagne à l'échelle mondiale : « Non aux six milliards ? » Au lieu de rester là, comme des cons, résignés, à regarder le tas monter. Les chrétiens et les autres barbouillés de transcendance n'auront qu'à ajuster leurs dogmes. Ils le peuvent parfaitement. La preuve : les protestants, qui admettent très bien divorce, pilule et avortement. Si l'Église ne le fait pas, c'est parce qu'elle obéit, à son tour, à des intérêts supérieurs. Supérieurs à Dieu ; les intérêts des exploiteurs de pauvre monde.

Alors, qu'elle crève. Et nous avec, hélas.

Statistique sentimentale

Deux Français sur trois gardent leur béret basque pour faire l'amour. Le troisième s'en sert comme préservatif.

Trois Français sur quatre tiennent la main de leur femme pendant qu'elle accouche, mais ils vomissent partout.

Deux Français sur cinq procèdent eux-mêmes au dépucelage de leurs filles le soir de leur première communion. Les autres sont athées.

Un Français sur six a été dépucelé par sa propre mère. Un Français sur dix par son propre père.

Quarante-huit virgule neuf Français sur cent reconnaissent que le pain de fantaisie de forme allongée qu'ils portent sous le bras leur sert à assouvir solitairement des pulsions homosexuelles dont vingt-sept virgule deux pour cent d'entre eux ont d'ailleurs honte.

Neuf Français sur dix éteignent la lumière avant de faire l'amour, sauf s'ils sont dans une chambre d'hôtel ou chez des amis : les Français sont économes.

Trois Français sur quatre pètent en faisant l'amour mais ils croient que ça ne se remarque pas.

Un Français sur deux est une Française.

Un Français sur deux pense à Notre-Dame de Lourdes en faisant l'amour. L'autre pense à Lénine.

Huit Françaises sur dix ne savent plus à qui penser en remplissant leur devoir conjugal depuis que le général de Gaulle n'est plus.

Une Française sur vingt-cinq millions n'arrive pas à penser, dans les mêmes émouvantes circonstances, à quelqu'un d'autre qu'à Monsieur Michel Debré. C'est Madame Michel Debré. Elle n'a jamais pu s'y faire.

Sept Français sur dix sont malheureux en ménage. Les trois autres sont célibataires.

Quatre-vingt-dix pour cent des Français ignorent que les femmes possèdent un clitoris. Cinq pour cent croient qu'elles en ont un deuxième dans le derrière.

Trente pour cent des Français éjaculent prématurément et disent à leur femme que c'est elle qui est anormale.

Vingt-deux pour cent des couples français parviennent à la plénitude de l'orgasme simultané au moment où la télé donne le chiffre des morts du week-end.

Trente couples de parents français sur cent pensent qu'il faut tout dire aux enfants le plus tôt possible afin d'apprendre d'eux des tas de nouveaux trucs avant l'arrivée des rhumatismcs.

Soixante-douze pour cent des instituteurs français se masturbent discrètement sous leur bureau pendant la classe. Quatre-vingt-dix-neuf pour cent des élèves s'en aperçoivent parfaitement.

Quatre Français sur cinq pensent que la syphilis se contracte en faisant l'amour avec des gens d'une classe sociale inférieure, à l'exception de leur épouse, qui a attrapé ça sur des cabinets malpropres.

Un Français sur deux pense que la syphilis des prêtres est causée par des sièges de confessionnaux insuffisamment bénis.

Un Français sur trois pense que la syphilis est provoquée par les cheveux longs.

Quatre-vingt-dix-huit pour cent des Français ont eu leur première cuite avant leur première expérience sexuelle.

Soixante-quatre pour cent des Français de plus de cinquante-trois ans et de moins de trente-sept ans estiment que Dieu aurait dû placer les organes de l'amour en un endroit moins dégoûtant et plus noble, par exemple au milieu de la figure.

Quatre-vingts pour cent des enfants de moins de cinq ans estiment qu'il ne faut pas tout dire aux parents, à leur âge ça ne pourrait que leur donner des regrets.

Deux Français sur trois cassent une petite croûte après l'amour. Généralement du camembert et du vin rouge.

Neuf Français sur dix préfèrent que leur fils meure au champ d'honneur plutôt que de vivre homosexuel.

Soixante-quinze pour cent des Français sont persuadés que les Arabes ont un membre sexuel particulièrement long, que les Nègres l'ont particulièrement gros et que les Jaunes savent particulièrement bien s'en servir, mais que les femmes préfèrent l'intelligence.

Un Français sur cinq est impuissant et chasseur. Un Français sur mille est un lapin. Il n'y a donc pas assez de gibier pour tout le monde, et c'est pourquoi il y a tant de névrosés.

Quatre-vingt-douze Françaises sur cent n'ont jamais connu l'orgasme. Les autres sont des salopes.

La vaisselle de l'amour

Ici, on aime bien se payer la tête de la petite mère Françoise Giroud. On aime bien se payer la mienne, dans la foulée, parce que je m'obstine à ne pas vouloir la confondre avec madame Pompidou et madame Soleil réunies dans le même slip. Paraîtrait même, si j'interprète correctement les insinuations et ricanements émis derrière mon dos par les serpents que je réchauffe en mon sein, que je nourrirais pour elle une de ces passions qui illuminent les nuits solitaires et frustrées des internes des collèges des bons pères. Ils pensaient déjà ça – je vous voyais très bien pouffer, crapules, qu'est-ce que vous croyez ? – à propos de madame Pompidou, en son temps, parce que, figurez-vous, je la trouvais pas si conne que ça, et même baisable, et que je le dis, et même l'imprimai, au risque qu'il m'en cuisît, et il m'en cuisit. Vous voyez les phallocrates ! On peut plus nuancer son opinion sur une dame – ne parlons même pas d'admiration – sans qu'on vous soupçonne aussi sec de dévergondage sentimental et de masturbation sur photographies découpées dans le journal. C'est comme ça. Les femmes, ici, ainsi que chante Wolinski quand il a du vent dans les voiles :

« C'est pas des femmes, c'est des bourrins...
Elles n'ont pas de cloison
Entre le cul et le con,
Elles chient dans leur matrice... »

voilà au fond ce qu'ils en pensent, des femmes, ces mâles superbes... Pardon ? La suite de la chanson ? Oui. Téléphonez donc à Wolinski, il se fera un plaisir. S'il n'est pas là, Madame vous la chantera bien volontiers.

Je suppose que Françoise Giroud est tout aussi violemment conspuée par les filles du M.L.F. Je vais donc avoir l'air d'un con – une fois de plus –, mais quand je vois la petite mère Françoise partir en guerre, entre autres moulins à vent, contre les gros cochons fabricants de produits dits « de beauté », les menacer de poursuites pour publicité mensongère, je biche. Qu'est-ce qu'on fait donc, nous, depuis quinze ans ? Je vais quand même pas me forcer à ricaner blasé supérieur on-me-la-fait-pas quand quelqu'un gueule la même chose que moi. Elle est ministre, et d'un gouvernement gniangnian baise-couillon poudre-aux-yeux étrangle-populo ? C'est vrai. Elle est donc ou complice ou otage ? Ça se peut. Et alors ? Ce qu'elle dit est dit, diversion ou pas. Ça germe. C'est dit officiel, hé là. Que la femme n'est pas uniquement un cul, une matrice (communicants ou non), un torchoir à mômes, une souillon de cuisine, une vieille merde inexistante dès les mômes élevés puisque désormais inintéressante du point de vue drague (même si baisable et délectable plus que jamais, mais ça s'accroche pas au bras, tu vois d'ici la tête des potes ?). J'aime pas faire la vaisselle, ça me fait sombrement chier, ça me gâche d'avance tout le plaisir de la baisouille si baisouille il doit y avoir après, je vois pas pourquoi une femme aimerait ça. Alors, paie-lui la machine à laver la vaisselle « Vedette », ducon ! Je peux aussi manger des charcuteries dans le papier et des légumes cuits dans les petits godets. Feignant ! Oui. Pas toi ? Ces travaux sans cesse à faire et à défaire : la lessive, la vaisselle, le ménage, torcher les mômes... Oui, oui, oui, je préfère me faire souffrir quinze heures par jour à noircir du papier, à bâtir des murs, à conduire dans les embouteillages, à courir après l'autobus, à m'engueuler avec le chef, n'importe quoi, plutôt que laver une fois de plus l'éternelle assiette grasse qu'on va salir de nouveau dans trois ou quatre heures pour la relaver et la ressortir et la relaver... C'est chiant et con, c'est désespérant, ça l'est pour n'importe qui, ça l'est pour les femmes. Il est vrai qu'elles, elles ont l'Amour pour leur illuminer tout ça. L'Amour qu'elles nous portent. Évidemment. J'y avais pas pensé. Elles ont bien de la chance, les salopes. La meilleure part, oui. Pauvres de nous. Toujours nous les cocus, dans cette vallée de misères.

Orphelines

Peut-être, quand vous lirez ça, serez-vous déjà au courant. Ce sera donc que la chose aura réussi, enfin, à percer. Que les journaux, les radios, en auront parlé. Je le souhaite. Pour l'instant, ça n'arrive pas à faire son trou. Alors, bon, faut s'y mettre.

Deux sœurs. Non, ne vous dépêchez pas de bander, attendez la suite. Quinquagénaires. Beuh... Je vous avais prévenus. Non, pas les sœurs Huet, celles-là c'était l'an dernier. Les sœurs Trouillet. Les sœurs Trouillet sont fermières. Enfin, étaient, car maintenant elles ne sont plus rien du tout. Clochardes. Parce que la justice est mal faite, d'une part. Parce que la justice s'en fout, d'autre part. Pas la justice en général, celle qui se balade à poil avec une balance et une épée. La Justice. Celle qui a un ministre de, des Palais de. Celle qui dit si on doit nous mettre en prison, ou nous couper la tête.

Ça remonte à quinze ans. Les deux sœurs héritent de leur père une ferme et quelques lopins autour, dans la Sarthe. Deux orphelines sur toute cette terre, c'est pas moral, se disent certains gourmands, enfants du voisinage. Passons sur les détails. On leur fait des misères. On monte un joli petit complot. Une obscure histoire de vache malade vendue par elles et tuée pour la boucherie sans leur accord leur vaut, de fil en aiguille, d'être poursuivies pour non-paiement de dette (on avait refusé leur paiement !) et condamnées à cinq mois de prison ferme. Je croyais, moi, que la prison pour dettes n'existait plus, en France, depuis Balzac... Elles purgent leurs cinq mois et se retrouvent toutes nues à la sortie. Depuis, obstinées comme savent l'être les orphelines quand on n'a pas pris la précaution d'enterrer ces petites bêtes avec leur papa, elles se remuent de façon indécente pour obtenir la révision de leur procès. Dépouillées et déshonorées, dans la Sarthe, ça pardonne pas. Surtout quand les mépriseurs sont les dépouilleurs. Jusqu'ici, aucun résultat. Elles affirment – mais allez donc croire des orphelines dépouillées ! Ça manque tout à fait d'objectivité – que le complot paysan ourdi contre elles sut s'adjoindre un notaire, un huissier de justice, un avocat et un avoué. Le juge d'instruction aurait été plus que partial. Voyez vous-même : il commet un psychiatre pour examiner les deux sœurs à la suite de leur « comportement anormal à la barre »... alors qu'elles n'avaient pas comparu à cette audience ! Quatre psychiatres, furieux, se récusent l'un après l'autre... Ladessus, on égare des pièces, on fait jouer toutes les astuces basochières, si bien que l'affaire devient l'horrible sac de nœuds à rebuter le pauvre monde.

Les sœurs Trouillet ne se rebutent pas. Ruinées, plus très jeunes, malades, elles ne veulent pas lâcher. Remuent ciel et terre. Pendant quinze ans. En vain. À bout de ressources, décident de faire la grève de la faim. Cinquante-six ans. Soixante ans. Elles ont commencé le 14 décembre, au dispensaire du G.A.J. (Groupement d'action judiciaire) à Lyon. L'une d'elles est gravement handicapée : amputée d'un rein, l'autre en mauvais état, séquelles de mal de Pott, hémorragies fréquentes...

Lundi 30 décembre. La malade recommence à manger, sur l'injonction du médecin qui menaçait de l'alimenter de force. Elle déclare vouloir recommencer dès qu'elle aura repris du poil. Sa sœur (la plus âgée) n'a pas cessé la grève depuis deux semaines.

Ce qu'elles demandent ? La révision de leur procès, toujours. À leur lettre en ce sens écrite au Garde des Sceaux en juin dernier, il n'a même pas été répondu...

Vous pouvez leur envoyer vos vœux de Nouvel An.

Orphelines (deux)

Puisque vous me demandez des nouvelles des sœurs Trouillet, en voici :

10-1-75 : Françoise d'Eaubonne m'annonce que Lecanuet aurait envoyé un télégramme aux sœurs Trouillet, envisageant (enfin !) la révision de leur procès, après avoir proposé l'amnistie, dont elles n'avaient rien à foutre. Ces orphelines, c'est assez grossier, finalement.

10-1-75 : Le G.A.J. (Groupement d'Action Judiciaire) annonce que, Lecanuet restant muet, l'aînée des sœurs, Lucienne, soixante ans, poursuit sa grève de la faim commencée le 13 décembre.

Qui a raison ? Françoise ou le G.A.J. ? Nos lecteurs le sauront dans notre prochain numéro.

Profitons-en pour vous rappeler que le G.A.J. se propose pour but « une meilleure protection des citoyens devant la justice, ainsi qu'une démocratisation de la justice ». Statuts sur demande adressée à Quester-Séméon, Les Peupliers, Charrière-Blanche, 69, Écully, Lyon. Une adresse qui peut servir.

Orphelines (trois)

Vous me demandez où en est l'affaire des sœurs Trouillet. Ça tombe bien, je reçois des nouvelles à l'instant. Alors, voilà, premièrement elles ont cessé leur grève de la faim après quarante jours, si elles s'en remettent elles auront de la chance, surtout celle avec son rein en moins, a-t-on idée à cet âge, de vraies gamines, oui. Bien sûr, vous êtes déçus. Je vous comprends. Quand on commence une grève de la faim, ou l'on obtient gain de cause, ou l'on crève. À partir du moment où c'est commencé, pas d'autre issue. Ou alors ça foire. C'est comme la force de dissuasion, pareil. Voilà, à cause des sœurs Trouillet, l'arme absolue de la grève de la faim désamorcée. Sans compter toute cette émotion ces hauts cris ces sanglots qu'on accumulait dans nos poitrines pour le grand jour du dernier soupir... Qu'est-ce qu'on va foutre de tout ça, maintenant ? Ça va nous étouffer, oui. Ah, la la, on devrait pas laisser les vieux jouer avec ces choses-là ! Faudrait interdire les journaux gauchistes dans les Foyers des Anciens, ça leur monte à la tête, et total ils ont pas la santé pour.

À part ça, que disent-elles, les deux sœurs ?

Elles disent : « Nous apprîmes que cette pression que nous faisions subir au Garde des Sceaux (par la grève de la faim), ainsi que celle qu'occasionnait la publicité faite autour de cette affaire... allait à l'encontre de nos intérêts. Le ministre, nous dit-on de source sûre, est disposé à nous donner gain de cause, mais nos "attaques" l'indisposent gravement. Il désire agir en dehors des “pressions”... » Et donc, elles prient la presse de mettre une veilleuse. Dont acte.

Les informations données par certains quotidiens comme quoi la révision du procès est accordée n'ont aucun fondement, précisent les deux sœurs.

Voilà. Vous en savez autant que moi. Abstenez-vous désormais, chaque fois que, descendu faire pisser le chien, vous passez devant le ministère de la Justice, de gueuler « Lecanuet, assassin ! », mais gueulez plutôt « Lecanou, un bisou ! » ou « Lecaca, dans mes bras ! ». Il veut être aimé, cet homme.

Fœtus pas coupable

Au cours d'une émission de radio ni plus ni moins con que tant d'autres, c'est-à-dire énormément, j'ai entendu Françoise Giroud – qu'allait-elle faire en cette galère ? – dire une chose pour laquelle il lui sera beaucoup pardonné. Au meneur de jeu qui lui demandait ce qu'elle pensait de la déclaration de monseigneur Marty, archevêque de Paris, disant à propos de Franco qu'il était déplorable de condamner à mort des femmes enceintes, Françoise Giroud a répondu (ou à peu près, je n'ai pas pris de notes) : « Femme ou pas, enceinte ou pas, ON NE CONDAMNE PAS À MORT. » Bravo pour ça, Françoise ! On ne hiérarchise pas l'horreur. On ne chipote pas l'abominable. La douleur, l'angoisse, l'attente, la panique finale sont les mêmes pour tous : femme, enfant, vieux, homme « dans la force de l'âge », infirme, animal... L'horreur est totale, d'emblée. On ne saurait y ajouter.

Mentionner « enceintes » n'est qu'un pousse-au-pleur supplémentaire, un « chapeau » pour journal flatte-mémère. Au moment où le garrot la serre, elle ne sait plus si elle est enceinte, la malheureuse, ou si elle a des hémorroïdes. Mais il y a la jeune vie innocente tranchée dans sa fleur ! Un fœtus ne fait pas de politique. Tiens, c'est vrai, ça ! L'avortement, me suis-je laissé dire, est strictement interdit dans la pieuse Espagne. Franco peut assassiner légalement les mères, il n'a pas le droit de toucher au fruit de leurs entrailles. Il faut le dénoncer. Je le dénonce : Franco, avorteur ! Oui. Te fais pas trop d'illusions. Tout est prévu. Il existe dans tous les codes pénaux du monde une disposition qui veut que, si une femme condamnée à mort se trouve enceinte, on sursoit à l'exécution jusqu'à ce qu'elle ait accouché. Après, mais seulement après, couic. C'est pas beau, ça ? C'est grâce à des petites choses gentilles comme celle-là que les juges peuvent dormir la nuit et les généraux Franco jouer au golf malgré leur grand âge.

Il paraît que, au cours de cette même émission, Françoise Giroud avait dit du bien de *Charlie-Hebdo.* Arrivé en retard, j'ai rien entendu. N'empêche que vous allez encore raconter partout que je lui renvoie l'ascenseur. En tout cas, je vais vous dire, c'est la première fois qu'un ministre dit du bien de nous. On a eu du pot que ce soit ce ministre-là. Supposez que ç'ait été Poniatowski... Il risquait fort de monter à pied.

Balzac porno ?

Et merde, foutez-lui donc la paix, au porno, il se calmera bien tout seul ! Vous n'avez donc vraiment rien d'autre à foutre ? L'explosion actuelle n'est que débondage. Trop longtemps tenu en cage, le cul soudain lâché gambade et fait le fou, mettez-vous à sa place ! Se défoule, quoi. Avec tous les excès que ça comporte, et donc tous les margoulinages qui peuvent s'y accrocher. Déjà, on s'aperçoit que le porno peut être emmerdant. Rodrigue, l'eusses-tu cru, qu'une moule bien bâillante bien baveuse de deux mètres de haut pût un jour te sembler fastidieuse ? Le porno emmerde, et pourquoi pas, au même titre que le reste, s'il n'est que porno et rien de plus. Une bite est une bite, une moule une moule, et les combinaisons des deux limitées en nombre. La profanation, ça va un temps, et puis ça n'est plus profanatoire. La liqueur séminale, débarrassée du prestige des choses maudites, n'est que gelée de concombre, l'envoyer dans l'œil de l'héroïne ne saurait sauver un film par ailleurs chiant à pleurer. Le porno, la première boulimie passée, trouvera sa juste place, et tout ira bien. S'intégrera, le porno, dans nos lectures, dans nos spectacles, comme il s'intègre à nos vies, pas plus pas moins. Simplement, le tabou sera levé. Le romancier, le cinéaste, le – pourquoi pas – biographe ne s'arrêteront plus, pudiques, au seuil de l'alcôve. Ne se retrancheront plus derrière le flou irisé des métaphores : « ... Il la posséda charnellement et ils furent, dans la plénitude de leurs sens exacerbés, l'un à l'autre. » On aura plutôt : « ... Il posa dans le creux de sa main diaphane sa queue, assez courte mais trapue et déjà piaffante, tandis que ses doigts écartaient doucement les nymphes humides... etc. » Vous en voudriez encore long comme ça, hein, cochon ?

Pourquoi y aurait-il « le porno » comme il y a le psycho, le polar, le roman de mœurs, le social, le noir, le fantastique, le « littéraire »... ? Au diable les genres ! Mélangeons tout. Pourquoi n'y aurait-il pas, simplement, le bon ? Le bon est universel et jarni-barrières. Balzac, c'est-y de l'aventure ? Du social ? Du psycho ? Du mœurs ? Du polar ? Du littéraire ? Si Balzac écrivait aujourd'hui, il y aurait du porno dans Balzac, ça je peux vous l'assurer. Ni trop ni trop peu. Quand ça vient, quoi. Mais du qui tient au corps. Ce Balzac, quelle queue !

Oui, si les petits cochons ne le mangent pas en route. Qui ça ? Le porno. À quoi tu penses ? À ceci. Que cette « permissivité » actuelle me paraît trop belle pour être honnête. Vous savez, genre congés payés de 36 qui n'ont lui[1] – si peu ! – que pour permettre aux sinistres hyènes de 40 de leur entasser sur les reins tous les malheurs de la patrie. Je vois d'ici les héritiers de Pétain et de Maurras (je ne nomme personne, suivez la direction de mon regard) reprocher demain au porno de nous avoir menés là où nous serons (Chez Pinochet, pourquoi pas ? Mais peut-être aussi ailleurs), et nous le renfoncer dans la gueule à coups de tatanes

1. Du verbe « luire ». Note du traducteur.

cloutées. Alors, bon, en attendant, profitons-en tant que ça dure. Si, quand j'étais petit, on m'avait dit qu'un jour, au cinéma de tout le monde, on verrait la queue d'un monsieur entrer dans le machin d'une dame très belle et très poilue, en gros plan et en couleurs, j'aurais trépigné d'impatience jusqu'à ce qu'arrive ce jour béni. Quoique, soyons franc, les choses des dames, j'aime bien, mais voir les trucs de messieurs autres que moi entrer dedans, ça me rend pas tellement heureux. Vous croyez que je devrais me faire psychanalyser ?

La pute se rebiffe

Préambule. J'appelle une pute une pute. Comme j'appelle un négro un négro, un rital un rital. Que ceux qui veulent y voir une injure aillent se faire laver le dedans de la tête, il sent les chiottes mal tenues.

Les putes veulent vivre. C'est nouveau. Comme des nègres colonisés, elles veulent se décoloniser. Personne ne les y a beaucoup aidées jusqu'ici. Si elles arrivent à se sortir de la merde, elles n'auront de merci à dire qu'à elles-mêmes.

Peu à peu, elles ont foutu les macs à la porte. Plutôt, les ont remis à leur place. Le terrible barbeau dénicheur de boniches et exploiteur féroce d'une écurie de tapineuses commence à se faire rare. Si la pute entretient un minet, c'est désormais pour son agrément à elle, elle se le paye avec ses sous, elle lui donne l'argent de poche pour ses cigarettes, mais c'est elle qui tient la caisse. Pas toujours, d'accord. Mais souvent. De plus en plus souvent. Le mac n'est plus l'indispensable « protecteur » qui les protégeait surtout contre la mainmise d'un autre « protecteur », qui leur assignait et leur assurait leur bout de trottoir, qui les plaçait en maison, qui s'arrangeait avec le flic des mœurs du coin en échange de menus renseignements utiles à la carrière de ce fonctionnaire ou moyennant de petits cadeaux à échéance régulière pas mal reçus non plus.

La pute s'est aperçue que, tout ça, elle pouvait le faire elle-même. Ça a commencé par quelques indépendantes, des fortes têtes, « mauvaises mentalités » honnies et redoutées des marlous qui, plutôt que de tolérer sur le bitume la présence d'une « fille sans homme », mettaient à l'amende, défiguraient au rasoir ou au vitriol, tuaient. Si la « loi du mitan », mythe littéraire chatouille-bourgeois inventé par Francis Carco et entretenu par ses continuateurs, n'est qu'une vaste fumisterie (le mitan des caïds : un ramassis de donneurs et de faux-culs), les macs n'en savaient pas moins, au besoin, s'unir localement pour faire la peau de la sale connasse qui prétendait se démerder seule et donnait le mauvais exemple à leur bétail.

Le racolage en bagnole a beaucoup aidé à l'émancipation des putes. Mais surtout la survenue massive de la prostitution « travail noir ». La pute des fins de mois, occasionnelle donc insaisissable, indépendante – et pour cause : même le mari ne doit rien savoir ! – a donné beaucoup à penser à ses consœurs professionnelles à plein temps. Bon. Les putes veulent prendre leur destin en main.

Pour cela, d'abord, sortir de la semi-illégalité, de la tolérance, de la connivence obligée avec le flic qui vous tient dans sa pogne, de la réprobation bien-pensante... Faire de la prostitution un métier « comme les autres ». Pas plus honteux que, par exemple, la publicité, qui racole pour vendre de la merde. Quelques-unes ont senti que le moment s'y prête. Ont su l'expliquer aux autres, les regrouper, les organiser pour une action de masse. Je ne sais pas si vous vous rendez compte de ce que ça représente ! Chapeau à la mère Ulla et aux autres.

Le débat sur la nécessité de la prostitution est un sujet de conférences pour ouvroir chic. Les putes sont là. Si elles y sont, c'est qu'elles ont des clients. Si elles sont si nombreuses, c'est qu'elles répondent à un besoin général, qu'elles « remplissent un créneau socio-professionnel ». Je ne sais pas si les putes sont un mal ou un bien. Je sais bien, par contre, que les militaires, les travailleurs de l'armement, les fourreurs, les chasseurs, les pollueurs d'océans, les publicitaires et les fabricants de pastis sont des fléaux.

L'horreur millénaire du sexe et de tout ce qui s'y rattache peu à peu s'estompe, malgré les sursauts folkloriques des mâchoires d'âne. La prostitution, comme le reste, en bénéficie. Oui, mais...

Oui, mais, comme le reste, les activités délictuelles se modernisent. Le crime s'organise, se concentre entre quelques grands groupes, spécialisés ou polyvalents, sur le modèle des gangs américains, ou plutôt de la mafia. Avec toutes les complaisances et les collusions que cela suppose du côté flics, pouvoirs publics, services secrets, gros pognon, etc. Au plus haut niveau. Révéler que Hassan II est un gros bonnet de la drogue au moment où l'on a besoin de noircir Hassan II devant l'opinion, c'est se foutre du monde. Ils en sont tous, des Hassan II !

Déjà l'on voit se dessiner une politique délibérément, cyniquement décidée. On refoule les putes vers certains quartiers, certaines rues « sacrifiées », par harcèlement policier et par toutes les tracasseries possibles. Comme par hasard, en même temps que la persécution s'intensifie, il y a des îlots où elle disparaît. Ainsi espère-t-on parvenir à tasser toutes les putes dans des « rues chaudes », comme à Amsterdam, à Hambourg... On fait la part du feu, tout le « vice » est concentré dans un quartier maudit bien délimité où ne fleuriront que les bars à putes, les hôtels de passe et les, pourquoi pas, bordels. Quel attrait pour le touriste ! Après le Louvre et le Sacré-Cœur, la virée aux rues dangereuses, en groupe, c'est compris dans le forfait, pour un petit supplément vous avez droit à une pipe vite faite pendant que Madame achète des cartes postales.

Les quartiers « chauds » ne sont pas que des quartiers à putes. Là vient s'agglutiner tout ce qui est clandestin, tout ce qui est délictueux. Tout ce qui « ne doit pas voir le jour ». Drogue, fourgues, faux papiers, petits et moyens voleurs, escrocs... Le panier de crabes idéal, bien à portée du flic, bien en main...

Les putes sauront-elles, pourront-elles profiter du moment de flottement ? Échapperont-elles au ghetto, à la marginalité, à la honte ? Ou bien leur sursaut d'émancipation ne les aura-t-il arrachées au petit mac et à l'hôtelier cupide que pour les livrer aux gros caïds du crime de demain ?

On devrait toujours terminer sur un point d'interrogation. Ça ouvre le champ, moi je trouve.

Imposteuses (à propos d')

Oh, non, Xéxès[1], oh, que non ! Pas d'accord. Ici, chacun dit ce qu'il veut, chacun répond ce qu'il veut. Tu as dit. Je vais répondre.

Venant de Wolinski, écris-tu, ça fait sauter au plafond. Venant de toi, ce que tu dis fait se demander si on ne se serait pas trompé de journal.

On voit bien d'où tu es parti. Le renvoi des violeurs devant les Assises, c'est-à-dire l'assimilation du viol aux crimes majeurs et la condamnation automatique des coupables, s'ils sont reconnus tels, à dix ans de réclusion criminelle au minimum, ça t'a paru tellement énorme, tellement disproportionné avec le délit commis que tu, comme tu le dis, as sauté au plafond. Et moi aussi. Sur ce point, nous avons sauté ensemble. Par la suite, je devais sauter encore quelques fois, mais seul. Ce qui fait que j'ai trois ou quatre bosses de plus que toi sur la tête. Et celles-là, c'est à toi que je les dois.

Les Assises. On se trouve ici en présence d'une anomalie du code, anomalie voulue par le législateur à chaîne de montre d'il y a cent cinquante ans, voulue

1. Xéxès : collaborateur de *Charlie Hebdo*.

en pleine et cannibale férocité. La raison profonde de cette férocité : protéger la famille légitime contre l'introduction de bâtards par effraction. Le même souci inspira cette non moins féroce répression de l'adultère féminin qui marque encore les lois actuelles, bien que – grâce, entre autres, à Françoise Giroud –, ça commence à aller mieux de ce côté. Une motivation différente, mais convergente dans ses effets, explique aussi la férocité du même législateur envers les avorteuses : la vie est sacrée, bien sûr, mais surtout la France a besoin de chair à canon et ses usines de bêtes à chagrin. D'où l'érection de l'avortement sur le podium des crimes suprêmes relevant de la cour d'Assises. Les peines prévues étaient tellement énormes que les Assises, systématiquement, acquittaient. L'acquittement ou le bagne, c'était le seul choix qui s'offrait aux jurés. Si les affaires d'avortement furent par la suite « déclassées » et ramenées à la compétence de la correctionnelle, ce ne fut pas par souci d'indulgence, oh non, mais bien parce que là, au moins, l'éventail des peines offertes permettait de saler durement la salope tout en restant dans des limites admissibles. Ce sont, tu l'as compris, les peaux de vaches qui obtinrent la correctionnalisation de l'avortement. Tout ça est en passe de devenir historique, tant mieux.

Les Assises, c'est l'épouvantail. La correctionnelle, c'est la rigolade. Coups et blessures sans suites graves, c'est à cela que s'y réduit le viol. Tu expliques d'ailleurs cela très bien, mais à un moment tu glisses sur une peau de banane et voilà que, ingénument je veux le croire, tu te retrouves engueulant les bonnes femmes, ridiculisant les violées et, pour tout dire, te conduisant exactement comme les flics rigolards que tu décris et auxquels les violées préfèrent, la plupart du temps, s'abstenir d'aller raconter leur petite affaire. Te voilà en plein délire de petit facho de bistrot. Tellement en boule, tu es, que tu ne te rends pas compte que tu commences ton histoire en ces termes, hélas, révélateurs : « Dans la nuit du tant au tant, Untel, Untel et Untel ont dragué deux homosexuelles : Telle et Telle... »

« Homosexuelles... » ! J'ai cru lire *Minute.* Ou le « *Parisien* des vieux cons ». Tu ne l'as pas fait exprès, t'as écrit à la hâte, en pleine rage, entre deux bonds au plafond... Justement. T'as de drôles de sales bêtes pleines de pattes dans les coins noirs des boyaux de ta tête. Elles passent le nez quand tu fais pas gaffe. « Homosexuelles... » ! Tu n'as pas dit « deux femmes », ou « deux gonzesses », tu as dit « deux homosexuelles ». Si elles avaient été noires, tu aurais dit « deux négresses »... C'est grave, ça. Surveille-toi. Y a des squatters dans ton grenier.

Tu aurais dû te dire qu'avant de lancer son recours aux Assises, Gisèle Halimi, telle qu'on la connaît, a dû longuement y penser. Se tâter. Ce n'est pas la fille à enfoncer le pauvre type. Ce n'est pas une forcenée de la répression. Si elle a finalement opté pour cette conduite, c'est qu'à son avis c'est la seule voie, si l'on veut que ça change. Elle a d'avance accepté le risque qu'on le lui jette à la figure. Et pan, t'es tombé là-dedans, toi, Xéxès.

Mais, en traînant leurs violeurs devant les Assises, et même simplement en portant plainte, les violées participent au système scélérat et absurde de la répression ! Elles acquiescent par là au principe de la justice punitive, qui se débarrasse du problème de la criminalité en envoyant les délinquants assez malchanceux pour s'être fait prendre servir pendant dix, vingt ans ou à perpète de bêtes à souffrance aux garde-chiourme. Ben, oui. Sont bien obligées, les nanas, d'utiliser les seuls moyens de dissuasion qu'on leur offre. Que faire d'autre ? Changer la société. D'accord. On s'y met. Des femmes comme Gisèle Halimi s'y emploient les toutes premières. En attendant ? Faire avec ce qu'on a, eh oui. Faire respecter la femme en tant qu'être humain à part entière. Vaut mieux en prendre l'habitude dès maintenant, si on ne veut pas que le socialisme radieux de demain ne soit tout naturellement aussi ingénument phallocratique que l'espèce de foire d'empoigne où nous nous débattons en ce moment.

Les violeurs sont des pauvres types, d'accord. Tous les sales cons sont des pauvres types. Des demeurés, des timides, des refoulés, des ivrognes, des fiers-à-bras de banlieue... Des brutes. Bon. Et alors ? Où qu'on va, maintenant ? On les console d'être des tordus ou on essaie de se mettre à l'abri ? Violent comme des cons, sans penser plus loin, parce que l'occase est là, la chair fraîche, tendre, odorante, à portée de la main, loin de tout, dans la nuit, merde, on peut pas laisser passer ça... Après coup, la queue flasque, les couilles vides et l'âme en déprime, le violeur pense soudain aux suites, s'affole et étrangle la petite fille. C'est pas ce qu'il avait imaginé au départ, à vrai dire il n'avait rien imaginé du tout pour après, voyait juste la petite fente, l'après est venu tout seul, était pas invité ! Ben oui, l'après finit toujours par venir.

Mais nos trois violeurs, là, n'ont pas tué. Juste cassé la gueule. Tant pis pour la leur, de gueule. Sont tombés sur deux filles qui n'ont pas eu la trouille d'affronter les gendarmes, leur pitié goguenarde, leur scepticisme injurieux, leur indiscrétion et toute les humiliantes suites de ce genre de choses dans ce genre de monde de sales cons où nous sommes. Deux filles qui n'avaient pas froid aux yeux. Pardi, « deux homosexuelles » ! De vraies hommasses, quoi.

J'aime pas les types qui se mettent à trois et cassent

la gueule aux filles pour leur enfiler de force leur truc dans le ventre. Leur truc vérolé, si ça se trouve. J'aime pas les types qui emmerdent les femmes de quelque façon que ce soit. Qui font de la rue, pour les femmes, une obsession sexuelle permanente. Tiens, la drague. Te rends-tu compte que, pour une femme, se trouver seule dans un endroit public, c'est être constamment en alerte, sur la défensive ? Quand nous avons envie d'aller dehors, toi ou moi, bon, nous allons dehors. Nous marchons, nous traînassons, nous flânochons, nous nous asseyons pour boire un coup à une terrasse... Imagine que tu es une fille. Même pas spécialement éblouissante. Une fille... Ah, tu vois. Pas besoin de te faire un dessin. L'obsession, je te dis. Tous les dix mètres. Toutes les dix secondes. Tentent leur chance. Placent leur bout de tuyau. Z'ont bien le droit, non ? La rue est à tout le monde. Si ça te plaît pas, tu le dis. Tu le dis. Tu passes ton temps à le dire. Comme des mouches. Ta promenade est gâchée. T'as plus envie. Les sales cons ! En fait, c'est pire. Quand tu les envoies au bain, même gentiment, t'engueulent. Te crachent leur hargne de minables. Cherchent à salir. « Salope ! Morue ! Je suis pas assez bien pour ta gueule ? Je pue ? » Que tu aies simplement envie d'être seule, de marcher, de regarder les vitrines, ça leur vient pas à l'idée. Une femme, c'est une proie, et merde. Au baratin si on est gonflé, à coups de trique sur la gueule si on est timide ou pas causant. Tiens, pense seulement à une femme sportive qui louerait un appartement près du Bois pour pouvoir marcher une demi-heure à grands pas dans le bon air et la verdure chaque matin avant d'aller bosser... Eh, oui ! Les messieurs seuls en voiture feraient la queue pour lui proposer de prendre en charge leur bout de barbaque. D'ailleurs, avant la dixième minute, elle serait ramassée par les flics et embarquée comme pute.

Vieille loi louis-philipparde ? C'est vrai. Relents de bondieuserie, tabou du sexe ? C'est vrai. N'empêche, Louis-Philippe à part, casser la figure d'une femme pour la violer me semble largement aussi dégueulasse (puisqu'on est en plein jugement de valeur) que taper sur la tête d'une petite vieille pour lui faucher sa pension de retraite. On peut d'ailleurs faire deux pierres d'un coup et s'envoyer la vieille, comme prime, ça arrive.

Là-dessus, ne sachant plus qui mordre, tu fonces sur Françoise Giroud, on n'a pas bien compris pourquoi. Qu'est-ce que tu lui balances ! On en vient à se dire que, ce jour-là, tu avais une dent contre l'autre sexe tout entier et que tu tirais à vue sur tout ce qui bougeait et qui avait l'entrecuisse fendu. Un chagrin d'amour ? Faut pas garder ça sur le cœur ! Doit bien y avoir quelque part sur terre une paire de seins pour y poser ta tête.

Anne Gaillard virée

J'ai été plus qu'un peu épaté de voir la presse, à l'unanimité, se déchaîner contre Anne Gaillard, à propos de l'émission de télé « L'homme en question » à elle consacrée. Anne Gaillard, pour le cas où vous ne le sauriez pas, c'est la petite mère qui, tous les matins, sur « France-Inter », prend la défense du consommateur, ou plutôt l'aide à comprendre comment les hauts margoulins le volent, le trompent, truquent sa vie, l'empoisonnent, l'assassinent. Anne Gaillard, c'est, entre autres, Madame Anti-pub.

Eh, mais, c'est rien que du bon, tout ça ! Que lui reproche-t-on donc ?

On lui reproche d'avoir une grande gueule. D'avoir la colère facile. Le mépris à fleur de lèvres... C'est tout ? Ben, c'est tout ce qu'on a pu trouver, patron. Cherchez mieux, bon Dieu ! C'est pour ça que je vous paie ! Euh... D'être partiale. Ça ira comme ça ? Hum... Voilà, partiale. Oh, mais, alors, qu'est-ce qu'elle est partiale, alors ! Elle est toujours pour le consommateur, toujours contre le margoulin ! Vous vous rendez compte ? L'industriel. Pardon ? Contre l'industriel, s'il vous plaît. Vous aurez une heure en bas pour avoir employé le mot « margoulin ». Continuez. La salope !

Pardon ? Je finissais ma phrase : ... toujours contre l'industriel, virgule, la salope, point d'exclamation.

Et donc toute la presse, de la gauche à la droite en faisant le détour par le milieu, s'est farci Anne Gaillard bien bien, cette pétroleuse, cette hystérique, cette mal embouchée, cette gauchiste, cette fasciste, cette fausse puritaine, cette hypocrite, cette mal-baisée, ce flic, cette connasse, cette pue-de-la-gueule, cette pouffiasse, cette ça-ferait-mieux-de-rester-chez-soi-à-torcher-ses-gosses, bref, cette empêcheuse de voler les gens en rond. Bref surtout, cette bonne femme.

Menteurs. Tartuffes. Faux pifs. Vous lui reprochez ça, parce que ça, vous pouvez honorablement le lui reprocher. Mais c'est pas vrai, gueules de vaches, c'est pas ça le fond de la chose. En vérité, vous la descendez en flammes parce qu'elle tape, et efficacement, et depuis longtemps, et à bras raccourcis, et que ça doit commencer, statistiquement, à se sentir dans les chiffres, sur cette saloperie pourrie qui vous fait vivre, parasites : sur la publicité, moteur de la consommation de masse et véritable source de revenus de la presse. Allez vous cacher.

C'est la première fois qu'une critique de la production des biens de consommation jouit d'une aussi puissante audience, du moins chez nous. Jusqu'ici, l'« information » concernant les marchandises destinées au grand public était entièrement le fait de la publicité. Tu parles d'une objectivité ! Il y a bien, depuis quelques années, les deux associations de défense des consommateurs et leurs revues spécialisées, mais qui lit, en France ? Et des revues spécialisées ?... Là, tous les matins, sur le seul poste de radio à grande audience qui ne soit pas complètement un flatte-débile bêlant, une voix convaincante explique, analyse, démonte les magouilles, met à plat les trucs vicieux, accuse, engueule les margoulins mais aussi les acheteurs bonnes poires, et avec quelle verve, et avec quel feu ! Elle s'énerve ? Gueule ? Bouscule les règles du jeu de la bonne éducation ? C'est que l'indignation la fait jaillir de son slip, et aussi la mauvaise foi arrogante ou cauteleuse des bons apôtres de la consommation à outrance qu'elle a devant elle... Que voudriez-vous ? Du « À armes égales » bien tempéré ? De la courtoisie ? On est adversaires, comme ça, c'est le jeu, mais au fond on s'estime ? C'est un tempérament, cette nana, tant mieux, faut ça pour secouer l'inertie. Qu'une émission comme celle-là puisse seulement exister, c'est formidable, c'est trop beau, ça peut pas durer ! Et la preuve...

Je me souviens de la charge qu'elle mena, tambour battant, contre les eaux minérales, gigantesque rackett dans lequel tous les bons cons donnent tête baissée, tous, même le manœuvre au S.M.I.C. persuadé que l'eau du robinet est malsaine et, surtout, indigne de lui. Triomphe typique de l'intoxication publicitaire... Un rein, deux foies... Tiens, fume ! Naturellement, ça n'empêche pas de pleurer sur le plastique bouffe-plage, les forêts dévastées pour faire des caisses, les paysages éventrés par les autoroutes pour que passent les trente tonnes chargés de flotte... De flotte ! Mais je vous ai déjà dit tout ça, et pas qu'une fois. Bravo à la petite mère Gaillard, ne serait-ce que parce qu'elle a chié sur l'eau pure de vos cellules jaunâtres !

Mais, dit la gauche, si l'eau minérale se vend moins, c'est des emplois supprimés ! Imparable. Et s'il n'y a pas la menace de guerre, tous les ouvriers tourneurs sur obus sont au chômage. Démerdez-vous avec vos dilemmes. Vous faites de la merde, vous nous obligez à la bouffer, et si elle nous rend malades et nous fait crever vous nous obligez à la bouffer quand même parce qu'autrement nous n'aurons plus de travail, donc plus de paie pour acheter la merde. Va te faire foutre.

Elle a traité les intellectuels de sectaires, de stupides, de bornés et d'en chambre. Elle n'aurait pas dû. Ça ne leur a pas plu, ce qui n'est pas grave, ils ont l'habitude, mais ça n'a pas plus aux journalistes, qui se prennent pour des intellectuels. Ça les a bien aidés à se mettre en colère. Leurs patrons marchands de flotte, marchands de pastis, marchands de bidules à mayonnaise, marchands de cercueils, marchands d'assurances, marchands de merde ont été contents.

La droite la répute gauchiste, la gauche la vomit fasciste... Cherchez pas : la publicité est la seule chose que tous les journaux ont en commun, à gauche, à droite. Ça ne choque d'ailleurs personne. L'homme, ça a les fesses molles, assez élastiques.

Tiens, au fait, c't'encore une bonne femme, celle-là. V's'allez 'core m'écrire pour dire que je la drague, comme pour B.B. Vous êtes bien des bons ploucs médisants. Suffit qu'un mec soit une nana pour que si on lui cause on ait la bite à la main. Et c'est moi qu'on traite de phallocrate ! Monde de chacals !

Interrogatoire

Êtes-vous bien sûre de n'avoir pas eu, par inadvertance, un regard qui eût pu être interprété à la rigueur comme une invite ?

On devrait de temps en temps lire la presse con, la presse flatte-con, la presse pute. Observer le flatte-con te renseigne sur le con beaucoup mieux qu'observer le con lui-même. Le con ne se livre pas, se sait, ou plutôt se soupçonne, vaguement, con, et fait gaffe. Ne se laisse aller au plein exercice de sa connerie que dans l'intimité, entre cons, entre flamboyants cons, heureux et fiers de l'être. Le journal flatte-con, lui, parle comme le con, tonitrue ce que pense le con, car il faut à l'éventaire accrocher le regard du con, mais son achat n'est pas réservé aux porteurs d'une carte de con. C'est pas gênant – pour les promoteurs du journal –, les non-cons ou, soyons prudents, les pas suffisamment cons ne se contentant pas de le mépriser mais l'ignorant complètement et n'y faisant jamais allusion, aucune contre-pub, laquelle d'ailleurs n'aurait aucun effet. C'est dommage. Il y a deux mondes qui s'ignorent : d'une part les lecteurs, ridiculement minoritaires, des rares quotidiens et périodiques pas absolument débiles, d'autre part l'écrasante masse des abrutis par les journaux flatte-con, chatouille-bassesse, exalte-aigreur, magnifie-ragot et pue-la-pisse. Les titres sont sur vos lèvres, inutile de leur faire de la pub. Ajoutez-y la quasi-totalité des journaux régionaux ou locaux (beaucoup plus lus que la presse nationale, dite « parisienne »).

On devrait de temps en temps y mettre son nez, ça existe, c'est une donnée de notre temps, ça suffoque du seul fait que ça puisse exister sans faire dégueuler, c'est tellement énorme de scélératesse qu'on n'en revient pas. C'est un baromètre : si c'est ÇA qu'il faut publier pour vendre massivement, si c'est ÇA que veut le grand public, alors j'ai la trouille. La bêtise au front de taureau (cherchez la citation, ça vous amusera) et ses sœurs la haine, l'envie et la lâcheté sont en progression galopante dans l'ensemble de la population. Au secours !

Je viens d'en acheter un, on m'avait dit faut que tu lises ça, t'en resteras baba. J'en suis resté tremblant de rage et de dégoût.

Avez-vous vraiment lutté jusqu'à l'extrême limite de vos forces ?

Il s'agit du viol. De l'affaire de viol, vous savez sans doute, qui vient d'être jugée à Aix. Deux campeuses belges dérouillées et violées pendant cinq heures par trois malabars du cru. Condamnations : 6 ans et 4 ans de détention. Partie civile défendue par maître Gisèle Halimi.

La sentence est lourde. Je ne pense pas que la prison soit la solution à ce genre de forfait, pas plus en tant que punition (!) qu'en tant qu'exemple dissuasif. Mais l'alternative qu'offre la loi est telle : ou fermer sa gueule, subir en ravalant ses larmes et essuyer le mépris goguenard des voisins, ou aller aux Assises.

N'auriez-vous vraiment pas pu lutter encore un peu ?

Venons-en au fait. Ce qui ne semble gêner personne, c'est l'énorme tollé poussé par la presse flatte-sale con. Tollé contre les violées. Il y a là comme une contradiction.

Ce que j'appelle, moi, va-de-la-gueule, « presse flatte-con », ça se désigne soi-même par d'autres termes, plus flatteurs : ça s'appelle « défenseurs de la Famille, de la Chasteté, de la Vertu, de la Tradition, de la Religion, de l'Honneur... », bref, des Héternelles Valeurs, les seules, les vraies.

Ce sont les mêmes qui ont mené et continuent à mener des campagnes furieuses contre la pilule, contre l'avortement, contre le divorce, contre la pornographie... Qui prônent la virginité (des filles) jusqu'au seuil nuptial. Qui sont pour la femme au foyer et la famille nombreuse...

Ces mêmes-là sont pour le viol. Bien sûr, ils ne le disent pas comme ça, ce serait un peu gros, et puis ce serait un délit : apologie du crime. Ils ne prônent pas le viol, ils excusent les violeurs et injurient les violées. Bizarre, non ? Ils défendent la morale, les bonnes mœurs et la chasteté, or le viol est un condensé de l'anti-tout ça.

Non. Pas bizarre. Logique. Ils défendent la morale tant que la morale est LEUR morale, la vieille morale féroce des mâles, la vieille morale hypocrite qui ne respecte et n'exalte la femme qu'en tant qu'auxiliaire, servante, éponge à foutre, torche-mômes et touille-marmite. La femme Mère et Compagne. La femme accessoire. La morale que nous connaissons – sanctifiée par la religion – est une idéalisation d'un état de violence : la main-mise du mâle sur la femelle. Voulue par Dieu ? Par la Nature ? Et alors ? Dieu (ou la nature) est injuste...

La Famille qu'ils défendent, c'est celle du patriarche, maître tout-puissant régnant sur son troupeau de femelles soumises et adorantes, épouse(s) et filles. La Famille, c'est le lieu de son pouvoir absolu, à lui, le Chef, le Porte-Queue, le Phallus triomphal, entouré de ses fils aux quéquettes naissantes, suivi de la grise cohorte des pisseuses porte-fardeau.

S'ils prônent la chasteté, c'est comme garantie que le vagin qui leur appartient exclusivement n'ira pas se faire souiller par une queue autre que la leur, ne risquera pas d'introduire en fraude dans le cercle sacré des mâles issus du Sang un bâtard d'autant plus redoutable qu'il serait indécelable.

La Tradition, la Religion, avec majuscules, c'est la vieille loi de fer des siècles du pouvoir incontesté du Mâle, garanti par Dieu lui-même, qui fit l'homme à Son image, pas la femme. Ils exaltent l'Honneur, vertu essentiellement mâle (la femme ne pouvait pas prêter serment, n'ayant pas d'honneur, ne pouvant même concevoir ce que ça pouvait bien être, et donc mentir et se parjurer lui étaient naturels, petit animal irresponsable). Seul, le Mâle sait mourir (Et tuer, donc ! Surtout tuer !) pour l'Honneur. Une gonzesse, ça comprend pas ces choses.

C'est pourquoi le viol est, par ces intransigeants de la vertu et de la pudeur, traité en aimable polissonnerie, flirt un peu poussé, drague badine qu'il faut avoir bien mauvais caractère pour prendre au tragique ou alors être animé par de tortueux desseins subversifs. (Il s'agit toujours du viol dans le sens hommes forçant une femme. Dans l'autre sens, en admettant que cela se produise, je serais curieux d'observer les réactions des bons apôtres.)

Ne pouviez-vous vraiment pas garder les cuisses serrées ? La force des cuisses est très grande, vous savez, quand on veut.

De quoi s'agit-il, pour le « journaliste » flatte-con ?

D'abord de monter en titres énormes un sujet croustilleux. On n'est pas des pornos, nous, on ne publie pas des photos sales, on n'emploie pas des mots comme bite, con, baise, foutre. On fait de l'information. Si le mot « VIOL » en lettres de vingt centimètres de haut éveille des choses troubles chez le lecteur, c'est pas notre faute. Si l'article n'est qu'une enfilade de descriptions salaces arrêtées juste au bord de l'« inconvenance » (inconvenance purement verbale) et si ces suggestions, ces insinuations, par la frustration même qu'elles engendrent, sont érotiquement plus efficaces que le gros porno des revues de luxe, nous n'y sommes pour rien. Ce n'est pas notre faute si le lecteur mal-baisant entre en rut à l'odeur suggérée de culotte sale, si ce qui excite son imagination c'est surtout le côté impur, trouble, défendu du cul.

Est-ce que cela vous a fait vraiment très mal ?

Deuxième objectif : l'idéologie. Si j'ose dire.

D'abord, minimiser l'agression : c'était une bonne blague, un peu épaisse mais pas méchante.

Ensuite, salir les violées.

Tout leur est reproché. Quoi qu'elles aient fait ou pas fait, et même eussent-elles fait le contraire, on en fait balle pour les abattre :

Elles dormaient nues (enveloppées dans leurs duvets et enfermées dans leur tente !) : c'était, bien sûr, pour exciter les mâles du voisinage. Faut pas qu'elles s'étonnent, après ! Elles l'ont bien cherché, les salopes !

Elles se défendent furieusement, et même frappent

à coups de marteau : c'est des violentes, la violence est un vilain défaut.

Elles sont couvertes de traces de coups sur le visage et le corps, mais pas sur les parties sexuelles. Ah, ah ! Notez cela : pas sur les parties sexuelles !

Elles finissent, vaincues, battues, brisées, succombant sous le nombre, par subir la pénétration des trois connards, qui, pendant cinq heures, vont déployer leur imagination : elles sont donc CONSENTANTES !

Quand enfin les fiers gaillards rebouclent leur ceinture et s'en vont, ils leur demandent un baiser, ELLES LE LEUR DONNENT ! La preuve est faite : ELLES NE LEUR EN VOULAIENT PAS ! De là à penser qu'elles auraient peut-être même joui, si ça se trouve...

Elles sont homosexuelles : donc, des vicieuses, de toute façon.

Êtes-vous plutôt douillette ?

Gisèle Halimi, giflée en plein tribunal par un excité, demande son arrestation. L'ordure ! La salope ! La youpine ! (Le journal bien élevé dit « israélite d'origine tunisienne ».)

La contradiction ne gêne pas les cons. Ni les salauds qui exploitent la connerie des cons. Défendre la vertu et défendre les violeurs, ça va très bien ensemble, ils le sentent obscurément, et venez pas nous faire chier avec votre logique de binoclards.

A-t-il utilisé un orifice inhabituel ?

La droite n'a pas le monopole des salauds. Mais elle a les plus beaux, les plus grandioses, les plus cyniques, les plus tranquilles. Ceux qui osent pousser le mépris du troupeau de cons à des distances vertigineuses. Plus elle les méprise, plus elle les traite en brutes haineuses, aigries, sournoises, vicieuses, plus ils la soutiennent. Elle se force à parler comme eux, imitant leur langage débile, les nourrissant de ragots de mégères : la montre d'Halimi vaut tant, sa robe vaut tant, elle « se vante » de s'être fait avorter...

Avez-vous joui ? Même pas un tout petit peu ?

Le viol est-il un « crime » ? C'est exagéré. Mérite-t-il six ans de taule ? Qu'est-ce qui mérite la taule ? Si les violeurs étaient arabes, ces vaillants défenseurs de la vieille gaîté française se donneraient-ils tout ce mal ? Si les violées étaient leurs filles, à ces vertueux pères de famille, écriraient-ils la même chose ? Mais, glapissent-ils (sous leur plume, Halimi ne parle pas, elle « glapit » ou « vocifère »), nos filles ne sont pas homosexuelles, ne campent pas nues, et d'ailleurs ne sortent jamais sans leur maman. Ah, bon.

L'expertise prouve formellement la présence de sécrétions vaginales sur vos cuisses.

Faut terminer. On n'a pas le droit de forcer quelqu'un qui ne veut pas faire l'amour avec vous. Même le faire chier, on n'a pas le droit. La drague insistante est déjà une atteinte à la liberté. Que dire du viol, déchaînement de sadisme qui va toujours au-delà de ce que se proposait le violeur (elles se débattent, les salopes !) et peut déboucher sur l'assassinat. Et même si, rouée de coups, brisée, ou simplement pas assez forte, la fille, résignée, sanglotante ou pas, finit par se laisser faire, la violence n'en est pas moins grande. C'est humiliant d'être obligé d'insister là-dessus. Halimi a dit (a « glapi ») : « Les violées, il vous les faut donc mortes pour que vous daigniez les prendre au sérieux ! »

Mais, tas de salauds crétins abrutis de pastis, MÊME SI ELLE JOUIT, la violée, même si, la gueule cassée, le ventre forcé, elle crie de volupté, ce n'est pas une circonstance atténuante pour son violeur, ni la marque d'une espèce de connivence, de complicité entre elle et lui, ni surtout une infamie pour elle. Car c'est bien ça que vous proclamez, ça fait même partie de l'interrogatoire des gendarmes : puisqu'elle a joui, c'est une salope ! Digne pendant au : puisqu'elle n'est pas morte, elle ne s'est pas défendue.

Personne n'a le droit de forcer personne à jouir, à boire, à quoi que ce soit. On n'a qu'une chose bien à soi : son corps.

Signez là.

Je me suis un peu énervé. Faudrait pas que je lise la presse merdeuse trop souvent, j'en crèverais.

Si la sainte vierge s'était fait avorter, le pape serait balayeur

Il faudrait savoir. Ou l'avortement est une erreur sociale et politique parce que la France a besoin d'enfants pour payer les retraites des futurs vieux et pour verser leur sang quand déferleront les barbares, ou l'avortement est un crime, considéré du point de vue d'une certaine morale procédant de dogmes révélés.

La première position est celle des natalistes « réalistes », tel monsieur Michel Debré.

La seconde est celle des gens qui n'ont trouvé, pour supporter leur angoisse existentielle, que la foi éperdue dans l'existence du père Noël, et qui obéissent donc aux mots d'ordre de ses évêques, comme fait monsieur Michel Debré.

Croire au père Noël est passionnel. Parler dénatalité galopante, retraite des vieux et effectifs de l'armée française est, ou veut être, démarche de raison.

Comme les deux positions se retrouvent chez les mêmes personnes, on peut penser que l'une des deux est sincère, l'autre pas. Ou plutôt, que l'une des deux est motrice déterminante, l'autre secondaire, destinée à un auditoire peu sensible à la première, voire à tranquilliser la frange raisonnante du moi du monsieur qui parle. Pas de doute : le moteur est toujours le passionnel. Le « raisonnable », le « réaliste », est surplaqué. C'est pourquoi il est erroné, voire délirant.

Debré veut des mômes, beaucoup de mômes pour, proclame-t-il, assurer la continuité des producteurs qui, le moment venu, créeront les richesses dont une partie paiera les fruits des cotisations des producteurs actuels aux caisses de retraite. C'est un raisonnement tellement limpide, tellement éblouissant, qu'il a fait immédiatement fortune. En même temps, il exige un effort intellectuel tellement intense que celui qui l'a compris, à bout de souffle, est tout à la fois fier d'avoir été capable de le comprendre et complètement incapable d'ingurgiter la moindre parcelle de raisonnement en plus. C'est pourquoi, arrivée là, la discussion tourne en rond et se mord la queue, tu peux objecter ce que tu veux, démontrer mathématiquement que Debré se fout de ta gueule et que son « raisonnement » est du charlatanisme honteux, monsieur Ducon s'est refermé comme une huître, il se bornera à brandir obstinément le coup de la retraite des vieux comme si de rien n'était. Quand un con a compris un schéma très simple, il est tellement content d'avoir entendu grincer les rouages du dedans de son crâne qu'il n'en revient pas. Ne va pas maintenant lui proposer de soumettre cette affirmation à l'analyse critique ! Eh oui. C'est là tout le ressort de la politique.

Monsieur Debré se fout de notre gueule deux fois. Premièrement, il « oublie » de tenir compte de ce que la productivité individuelle augmente à toute allure et que là où un producteur nourrissait deux personnes il en nourrit maintenant cent, demain mille, et que d'autre part le mouvement ascensionnel de la population française sur l'échelle sociale fait que des fils contremaîtres, médecins ou avocats nourriront sans douleur les pères manœuvres à la retraite. Deuxièmement, monsieur Debré néglige totalement cette donnée purement anecdotique de l'évolution des sociétés occidentales : le chômage. Les enfants des ouvriers actuels seront médecins ou chômeurs. Pas ouvriers. Plus souvent chômeurs que médecins. Beaucoup, beaucoup plus souvent. Ah. Faire des gosses c'est faire des chômeurs. C'est-à-dire des types assistés. Qui coûteront beaucoup plus cher à nourrir que les retraités. Non seulement ils ne paieront pas les retraites des trimeurs d'aujourd'hui, mais qui paiera leurs indemnités de chômage, à eux, hein ? Qui ? Moi, je le sais, qui. Mais justement ça fout en l'air le « raisonnement » Debré : ce seront les producteurs, l'infime petit nombre de producteurs, dont le pouvoir de production aura, comme je viens d'avoir l'honneur et l'avantage de vous l'expliquer, formidablement augmenté. Peut-être aura-t-on déguisé les chômeurs en flics, en soldats de carrière, en joueurs de guitare, en distributeurs de prospectus, en professeurs de dentelle au point de Valenciennes, peut-être, ils n'en seront pas moins des improductifs, et il faudra bien les nourrir, et on les nourrira. C'est d'ailleurs ce qu'on fait déjà.

Et la défense nationale ? Les 400 millions d'hommes du pacte de Varsovie ? Les 800 millions de Chinois ? Les 300 millions d'Arabes ? C'est vrai. Le jour où tout ce monde-là nous tombera dessus, il vaudra mieux être cinquante-trois millions de Français plutôt que cinquante-deux. Les chances seront plus égales.

Mais bon, laissons tomber le raisonnement raisonnant, puisque c'est pas le fond de la chose. Le fond de la chose, c'est la parole du père Noël, transmise par son pape et par ses évêques.

Le père Noël qui êtes aux cieux est pour le respect de la vie. C'est un père Noël moderne. Les pères Noël d'autrefois aimaient la mort. Le fumet des sacrifices leur épanouissait la narine. Réjouissons-nous donc.

Dommage que le père Noël ne s'intéresse au respect de la vie avec cette farouche détermination que dans ce strict cas, celui qui fait l'objet de cette vivante causerie : l'avortement. Avez-vous jamais entendu le père Noël, ses papes, ses évêques et ses curés, tonner avec une telle vigueur, une telle ténacité, contre la guerre – telle ou telle guerre –, l'assassinat politique, le génocide organisé ou la peine de mort ? Jamais. Parfois une vague condamnation de la violence en général, une réprimande paternelle... Le plus souvent, le silence. Le plus souvent, l'encouragement actif à l'assassinat collectif, par le clergé national de chaque belligérant. Quand la cause est sainte – et quelle cause ne l'est pas ? –, on bénit les combattants du droit, on les exhorte à tuer le plus possible d'ennemis, on leur donne d'avance l'absolution collective avant l'assaut.

Le père Noël qui êtes aux cieux ne s'intéresse qu'à la vie en gestation. Comme si, à chaque fois, il espérait, on ne sait jamais, un nouveau petit Jésus. Ou un nouveau petit Mozart, à la rigueur. Une fois expulsée de l'utérus, la bête humaine ne l'intéresse plus. Il est déçu. La guerre peut être sainte, l'avortement, jamais ! Père Noël de mon cul.

Respect de la vie, salauds ? Tartuffes ! Vieux cons ! Debré et ses copains veulent des enfants, ils le proclament, pour faire des soldats. Donc pour tuer et être tués. Respect de la vie, fumiers ? Battez-vous contre la guerre, alors ! Contre l'armée, sa pourvoyeuse. Vous n'envisagez même pas un monde où la guerre ne serait pas. La France n'est plus un grand rapace, elle est un petit machin, une Suisse, une Belgique. Elle sera gobée, si guerre il y a, d'une bouchée. Qu'elle soit forte ou faible, consentante ou dressée sur ses ergots, n'y changera rien. Pour la première fois, il est strictement indifférent que la France ait une armée ou qu'elle n'en ait pas. Je dirai même : au contraire. Cette putain de « force de frappe » ridicule pourrait bien nous valoir un anéantissement de faveur... Gueulez contre la guerre, curés ! Écumez en chaire, évêques ! Pape, faites des bulles ! Gueulez, gueulez contre la guerre, contre toute forme de guerre, avec la même vigueur, avec la même constance, avec la même astuce que vous gueulez contre l'avortement ou la pilule ! Gueulez contre la peine de mort. C'est pas grand'-chose, la peine de mort, c'est pas compromettant, qu'est ce qui vous retient de gueuler ? Là aussi, on supprime du vivant ! De l'humain ! Et de l'humain tout à fait achevé, conscient, capable de repentir. Peut-être êtes-vous AUSSI contre ça, peut-être, en tout cas vous ne le gueulez pas bien fort !

Respect de la vie, salopards ensoutanés, alors que vous bénissez les drapeaux et les canons ! Que vous acceptez qu'à Lourdes, honteux haut lieu de vos charlatanismes, les régiments de tueurs rendent les honneurs à votre déesse de plâtre peint...

Que des centaines de millions d'êtres humains guettent l'avis du Vatican pour prendre une décision qui ne concerne qu'eux, c'est très grave. Le christianisme tourne en eau de boudin, ses dogmes s'effilochent, pas un chrétien sur mille (je dis pratiquants) n'est capable de dire ce que c'est qu'un sacrement. Par exemple. Bon. N'empêche. Ils ne croient plus, ou croient à n'importe quoi, mais jamais ils n'ont été aussi bêlants.

L'islam repart comme en 700. L'« holocauste » a relancé le judaïsme, Hitler a l'air d'un con. Le communisme lui-même, qui se voulait à la pointe de la pensée matérialiste, fonctionne strictement comme une religion. Religion sans Dieu, mais Dieu n'est jamais nécessaire à une religion : le dogme suffit. Et l'Église. Toute doctrine figée, donnée parfaite une fois pour toutes, autrement dit : révélée, est un dogme. L'appareil du parti est une Église. Pas une Église à concessions modernistes, non, une Église de granit, une Église d'inquisiteurs et de pionniers, une Église de Moyen Âge.

Le paradoxe du nudiste

Et alors, bon. Te voilà revenu. Bronzé, ça va de soi. Bronzé intégral, ou c'est pas la peine. T'es un gars dans le coup, t'es allé te griller les fesses chez les nudistes ou plutôt, comme on dit maintenant, chez les « naturistes », « Nudistes », ça faisait boîte à strip-tease miteuse de Pigalle. « Naturistes », ça fait écolo, vachement. T'as bien raison.

J'ai rien contre. Contre le fait de se mettre le bazar à l'air, je veux dire. Moi-même dès que je peux, j'aime bien. J'ai toujours veillé à ce qu'on n'ait pas un respect exagéré de son cul, ni une horreur en sens inverse. Aller-venir à poil, dans la maison, vaquer à poil, c'est bon, peut-être surtout parce qu'on n'a pas l'habitude, mais c'est bon. Nager à poil, l'eau qui se faufile entre tes cuisses, les algues qui te font guili-guili, les petits poissons qui batifolent dans tes anfractuosités, faut avoir connu. Vivre à poil, quel rêve ! L'emmerdant, c'est que je m'enrhume, j'ai la muqueuse nasale délicate comme la joue d'une jeune fille (d'une jeune fille d'autrefois), enfin, bon, c'est une autre histoire. Camps de naturistes, c'est de ça qu'on était partis pour causer.

Cette année, les camps de naturistes se sont brusquement multipliés. L'hostilité des populations plouques devant les impudeurs de plus en plus tranquillement triomphantes des vacanceux y est pour beaucoup. Ils ont tous en commun qu'on y vit à poil, bien sûr. Et aussi qu'on fait comme si on ignorait qu'on l'est.

Un rassemblement de gens nus se veut absolument chaste. On n'y bande pas. Ce serait de la dernière inconvenance. C'est même inconcevable. D'ailleurs vous dira-t-on, la vue des corps nus n'excite pas l'émoi lubrique. Ce sont les vêtements qui suggèrent, qui troublent, qui éveillent les idées impures. On admire un beau corps sans voiles, on ne le désire pas. Ce sont eux qui le disent.

Entre gens provisoirement à poil, il serait malséant de regarder avec trop d'intérêt les parties du corps d'autrui habituellement cachées. Tout à fait malotru d'en parler. On peut parler de la forme d'un nez, pas de celle d'un pénis. De la couleur d'une chevelure, pas de celle d'une toison pubienne. Si vous insistez, vous êtes un obsédé, un voyeur, un malade. On vous fout dehors.

Les non-naturistes – c'est-à-dire, d'une part les gens qui ne se mettent jamais à poil en public, et d'autre part les naturistes aux moments où ils ne sont pas en train de pratiquer le naturisme – cachent ce qu'il est convenu de ne pas montrer, ce dont on est censé ignorer l'existence, ce dont on doit faire comme si l'on n'en avait pas, comme si ça n'existait pas, j'ai nommé les organes, appendices et replis profonds qui servent à l'assouvissement extatique de ce sentiment sans lequel il n'y aurait ni art, ni littérature, ni faits divers, ni cinéma : l'amour. Qui servent aussi, accessoirement, à la reproduction de l'espèce et sont par conséquent le fondement sacré de la famille et de la patrie, objets abstraits mais sublimes. Au même hautain mépris sont voués les orifices si utiles à l'évacuation des superfluités de notre bestiale nature, j'ai nommé le pipi et le caca, orifices d'ailleurs ambivalents ou tellement rapprochés des organes précédemment cités qu'on peut les fourrer dans le même slip, ce qui n'a pas été sans contribuer puissamment à l'amalgame « amour-caca, même combat ». Une convention sociale ayant décrété cette zone centrale du corps lieu inexistant bien qu'existant – c'est la définition du tabou –, les non-naturistes la cachent à la vue, par des artifices textiles à l'opacité éprouvée, et en même temps bannissent de leur langage toute allusion à icelle. Ce qui est parfaitement logique. Le même tabou est sur l'objet et sur l'évocation de l'objet.

Les naturistes, eux, montrent l'objet. Bon. Mais s'interdisent, et avec une vigueur redoublée, toute allusion verbale, et même tout regard appuyé. Pas bon.

Bien sûr, il faut tenir compte du porte-à-faux où se trouvent les naturistes, plongés dans un environnement généralement hostile. Ils sont hantés par la très réelle menace d'être taxés de polissonnerie par des populations indigènes hermétiquement boutonnées. Cela tend à les rendre archi-prudents et plus vertueux que nature. Il n'en reste pas moins qu'ils sont spontanément de tendance plutôt austère. Ils se veulent des purs, des moraux, des esthètes attachés à la beauté de l'animal humain, des libertaires ayant besoin d'affirmer leur liberté, des idéalistes... Pas des partouzards.

Or, s'ils étaient vraiment libres, aussi libres qu'ils se veulent, et bien au net dans leurs têtes, et capables d'aller jusqu'au bout de leur logique, ils n'auraient pas plus de répugnance à étaler au grand jour ce que l'on fait au moyen des organes tabous qu'à montrer ces organes eux-mêmes.

Enfin, quoi, faudrait savoir. Si le sexe, vu au repos, n'a rien de honteux, bander ne l'est pas davantage, se caresser non plus, forniquer non plus. Se cache-t-on pour manger ? Pour respirer ? Pour se moucher ? Un rassemblement de prétendus « naturistes » qui n'est pas, effectivement, un lieu de partouzes, ou tout au moins un lieu où les gestes de l'amour, ses éveils, ses prémices et ses péripéties ne s'accomplissent pas aussi aisément, aussi ouvertement, aussi naturellement, aussi innocemment que n'importe quel autre acte de la vie, n'est qu'un ramassis de sectaires qui se donnent le frisson de côtoyer le diable avec des visages de prudes.

Être à poil au milieu de gens à poil et s'obliger – au prix de quelle constante vigilance ! – à tout regarder à son aise sauf l'essentiel, sauf ce qu'on a par-dessus tout envie de regarder, tu parles d'une libération ! Supplice de Tantale, oui. Plus coincés que les pudibonds militants, qui, eux, du moins sont cohérents dans leurs conceptions tordues ! Le cul et sa banlieue étant les plus puissants centres d'attrait du corps humain, l'amour ou l'amourette le plus excitant des excitants à nos psychismes offerts, on te colle le cul sous le nez, et tu dois faire comme si de rien. Il est aussi normal de se servir de son sexe que de son nez, disais-je, mais c'est beaucoup plus passionnant ! « Ils ne pensent qu'à ça », affirmait Wolinski. Bon Dieu, oui ! Finalement, naturistes, vous êtes encore plus coincés que les ploucs qui vous pourchassent à coups de fourche. Ou alors, prouvez-moi le contraire : baisez à couilles rabattues ! Et youppie !

Il est temps que l'été se termine et qu'on cause un peu de choses sérieuses, hm ?

Le cul
de la femme de César

Ils commencent à me faire chier, mes petits camarades. Quand c'est pas *Charlie-Hebdo,* c'est *Hara-Kiri.* Quand c'est pas la craquette de Dalida, c'est la bite de Sakharov. Ou la gueule sans dents de la mère Bardot. Ou la mère Giscard à poil. Cette fois, c'était la mère Giscard à poil, justement. Sur la couverture de *Hara-Kiri.* À croire qu'ils le cherchent. Ou qu'ils ne peuvent rire que de culs. Ou qu'ils croient que le lecteur ne rit qu'aux culs. Enfin, bon, ramdam, branle-bas, mobilisation générale, tous les flics de France s'abattant aux aurores sur les kiosques à journaux, arrachant aux étalages la fesse auguste ou exigeant qu'on la fasse disparaître. Procès. Référé. Le jour même, dans l'après-midi, condamnation à arracher séance tenante la couverture de tous les exemplaires. Mais ils sont distribués ! Éparpillés dans la nature ! Trente mille points de vente ! C'est votre affaire. Fallait y penser avant. Tous les exemplaires de *Hara-Kiri* qui ne seront pas châtrés à dix-huit heures (une heure trente de délai !) seront frappés d'une amende de 50 francs (par exemplaire !). À défaut de bonne exécution de cette mesure à 0 heure au plus tard, il sera procédé à la saisie du journal.

Giscard avait dit : « Je ne poursuivrai jamais un journal. » Effectivement, c'est pas lui, c'est Madame. Laquelle, soyons juste, si elle poursuit, n'a toutefois pas demandé la saisie. C'est le tribunal qui a fait du zèle (Oh, madame Rozès[1] !) De toute façon, sans attendre la décision du tribunal, les flics, dès trois heures du matin, avaient fait la tournée des marchands de journaux, ici usant d'intimidation, obligeant le tenancier à cacher les journaux ou à les renvoyer, là confisquant carrément la marchandise, en toute et sereine illégalité, sans même délivrer de reçu (qui aurait officialisé l'opération qu'ils n'étaient pas habilités à faire, c'est le travail d'un huissier, et d'ailleurs la saisie n'était pas prononcée, le tribunal ne devant siéger que dans l'après-midi).

Remarque intéressante : si le même sujet avait été traité par le dessin, personne ne s'en fût ému. Sur une caricature, tu peux faire enculer Giscard par Khomeiny (c'est juste un exemple) ou lui faire vendre sa femme, à poil, à un émir pour un demi-baril d'essence, c'est tout à fait admis. Tu peux habiller Marianne en pute, Marchais en roquet, Debré en fou à lier, le pape en travelo, pas d'histoires. Pourquoi la photo fait-elle exception ? L'ordonnance du jugement dit que « le procédé technique du photo-montage permet facilement et à peu de frais de présenter toute personne dans une attitude indécente... » « Facilement et à peu de frais » ! Viens-y voir ! C'est plus coton qu'un croquis, et ça revient plus cher, c'est bien pourquoi si peu en font et aucun n'en fait de bons, à part nous. Arrête la pommade.

Une dame présentée nue, dans une attitude absolument pas attentatoire à ses mœurs où à son honorabilité, je ne vois pas ce que ça a d'injurieux. Peut-être

1. Alors, présidente de la XVIIe chambre correctionnelle.

pas marrant marrant (ça, c'est mon avis, il n'engage que moi), peut-être un peu phallo, peut-être un peu casse-pieds à la longue (ça, c'est le plus grave, toujours à mon avis) mais sûrement pas de quoi se sentir offensée. Il n'y a ni diffamation, ni injure. Juste une grosse blague de garçon boucher. « ... atteinte manifeste à sa personnalité, au respect de sa vie privée ; ... droit à la protection de son image... » C'est ce que dit l'ordonnance.

Bon Dieu, si tu ne veux pas qu'on parle de toi, reste dans ton trou ! Si tu ne veux pas que des gros rigolos évoquent le cul de ton épouse, fuis les honneurs !

« La femme de César ne doit pas être suspectée. » Mais personne ne la suspecte, ta bonne femme, César ! Au contraire. En la montrant à poil, offerte à la lubricité réticente d'un acheteur, elle si digne, elle si pincée, on rend implicitement hommage à son ostensible dignité, à son indécoinçable pincement. Montrer Régine à poil, ç'aurait peut-être pu être considéré comme une allusion perfide. Montrer Anne-Aymone, c'est un éclatant hommage *a contrario* à sa vertu. Enfin, quoi.

Maintenant, lecteurs, c'est votre faute, aussi, à vous autres, bons cochons. Vous ne riez qu'aux choses sales, vous ne vous déplissez qu'aux allusions sexuelles, et si possible quand une femme en fait les frais. Vous poussez les gens au crime, sales vicieux blasés ! À cause de vous, ce haut lieu de l'humour de bon aloi sombre dans le foutre, la merde et les suintements suspects. Ah là là, ce que vous avez fait de nous !

Faites-vous féconder dès aujourd'hui par les prix Nobel de demain

Ça vous étonne vraiment ? Pourtant, c'était prévisible. Fatal. Après les banques du sperme, l'étape suivante s'ensuivait implacablement : les banques du sperme de luxe. L'étonnant serait plutôt que l'idée ne soit pas venue plus vite à l'esprit d'un faiseur de fric à l'affût de la nouveauté juteuse. Sans doute fallait-il le temps de la mettre au point, l'idée, d'en faire un gadget à l'efficacité publicitaire maxima sur une catégorie de gogos bien déterminée : ceux qui ont assez de fric pour se payer la chose tout en étant assez naïfs pour croire que l'hérédité coule de la quéquette de l'homme supérieur comme d'un robinet. Tout professionnel du marketing (c'est comme ça que ça s'appelle) vous le dira : une campagne-choc s'accroche derrière un mot-choc. Ici, le mot-choc, c'est : Nobel.

« Mettez au monde des génies grâce au sperme d'un prix Nobel ! » Magique. Le Nobel, peste ! La plus haute récompense pour travailleurs du cerveau... Comme si le Nobel mesurait l'intelligence, la mémoire, l'attention et tout ce qui fait l'homme supérieur, pour autant qu'il existe. Enfin, bon, admettons.

La justification morale (hautement morale !) des fondateurs de la banque des super-spermatozoïdes (un brasseur d'affaires : Robert Graham, et un physicien : William Shockley) est la régénération de l'humanité par la sélection génétique. La reproduction des hommes est actuellement affaire de pur hasard, livrée aux caprices de l'attirance sexuelle, des convenances sociales, bref, la pagaille. Résultat : les chances d'avoir un enfant doué (au-dessus de la moyenne) sont faibles et sensiblement égales à celles d'avoir un débile, celles d'avoir un surdoué pratiquement nulles. Nul n'échappe à la courbe en cloche. À peine si elle a une épaule si peu que ce soit plus haute que l'autre, du côté des nantis s'épousant entre eux. À peine si la réussite n'a que partiellement à voir avec la valeur intellectuelle, et en tout cas il y faut encore bien d'autres ingrédients, qui peuvent même l'exclure. N'empêche, admettons. Une femme, disons, de bon niveau, se fait féconder par des spermatozoïdes de prix Nobel dans l'espoir flamboyant de mettre au monde un futur prix Nobel, un prix Nobel d'une classe supérieure à celle de son géniteur, tant qu'à faire. Lui, il prend le départ POUR être le prix Nobel, sa maman et son papa légal y veilleront, ce sera le but de leur vie. Comme en sport : de plus en plus fort, les records ridiculisent ceux des générations passées... En fait d'amélioration de l'espèce humaine, je ne vois là qu'aspirations miteuses de miteux moyens : que son enfant, son enfant à soi, soit plus doué que celui du voisin.

Naturellement, les donneurs les plus recherchés auront de surcroît les yeux bleus, les cheveux clairs et un mètre quatre-vingt-dix sous la toise. Cela va sans dire : qui voudrait d'un fils génial mais rabougri, jaunâtre, dernier en gym ? Ou nègre...

Et ceux qui cumulent ? Nègres et NÉANMOINS Nobel ? (Ou, si vous préférez, Nobel et NÉANMOINS nègres)... Oh, ben, attendez, ça va venir. Le temps de s'organiser. De savoir, par exemple, s'il y a une clientèle nègre potentielle. À ce moment-là, on lui trouvera des surhommes de couleur. Et même : le rêve secret de toute Noire n'est-il pas d'avoir un enfant moins noir qu'elle ? Ouais. Y a à faire. Faut étudier le marché. On en est à l'ère des pionniers.

Tenez, on est braqués sur l'intelligence. Mais il y a tout le reste. Il y a ceux qui préféreraient avoir des enfants surhumainement doués pour le rugby à XIII. Ou pour le ski de descente. Ou pour la formule 1... Vous voyez, un avenir splendide s'ouvre pour les individus d'élite ! Si vous êtes doué pour une activité spectaculaire quelconque et que vous le prouvez en brillant au tout premier plan des spécialistes de cette activité, non seulement vous gagnerez splendidement votre vie en battant des records, en chantant, en écrivant, en découvrant des découvertes ou en devenant président de la République, mais EN PLUS, l'âge venu de raccrocher, vous en gagnerez bien davantage encore comme étalon reproducteur. Voyez les chevaux de course. Et les entrepreneurs du truc n'y perdront sans doute pas non plus. Une nouvelle juteuse industrie, qui ne nécessite qu'un apport de fonds minime, qui ne gaspille pas d'énergie (quelques aller et retour du poignet, lequel peut d'ailleurs être avantageusement remplacé par une bouche féminine, élastique, tiède et humide, ou par une trayeuse électrique dans les établissements vraiment à la pointe du progrès), une industrie basée sur l'exploitation de la connerie, ce sont les plus solides.

Allez donc expliquer que les lois de l'hérédité sont des lois statistiques, qui ne peuvent se mesurer que sur des populations, et ne donnent que des probabilités en ce qui concerne les individus ! Que si, par exemple, on faisait se reproduire des surdoués entre eux, on aurait parmi les produits un pourcentage de doués et de surdoués très légèrement supérieur à celui qu'on obtiendrait en accouplant des Q.I. moyens ou médiocres... Il s'agit ici du besoin de merveilleux, de merveilleux qui fasse plaisir, et si le merveilleux s'habille de phraséologie « scientifique », tant mieux.

Pour des parents chrétiens, toutefois, l'intelligence n'est pas tout. Elle est même moins importante que la foi, la piété, l'humilité et toutes les autres qualités qui font un parfait chrétien. Et quel chrétien les possède le plus à fond ? Quel chrétien est plus chrétien qu'un prix Nobel de christianisme, s'il y en avait un ? Le pape, mais oui, c'est bien ça ! Vivement qu'il y ait en banque du sperme de pape, pour combler toutes les mamans vraiment chrétiennes !

Chiens,
si vous voyez une femme enceinte,
mordez-la au cul !

Le même jour, deux textes me tombent sous l'œil. L'un, 250 pages : *La grève des ventres,* ou « Propagande néo-malthusienne et baisse de la natalité en France, XIXe-XXe siècle »[1], par Francis Ronsin, chargé de cours à Paris VII. L'autre, 26 lignes dans *Le Monde* : « Doublement des allocations de maternité à partir du troisième enfant : près de 10 000 F. »

On réhabilite tout le monde, c'est la mode. On a même réhabilité Sade. Mais Malthus, jamais. Malthus reste maudit. Pis : ridicule. « Malthusien » est une injure. Vous me direz que « cartésien » en est bien une !

Qu'a donc osé dire Malthus de tellement stupide, de tellement criminel, de tellement impie ? Il a osé dire, vers 1800, que, les causes de mortalité allant diminuant avec les progrès de l'hygiène et de la médecine, la population s'accroîtrait à un rythme géométrique tandis que les ressources en vivres ne pouvaient s'accroître qu'à un rythme arithmétique. Multiplication d'un côté, addition de l'autre. La multiplication fait croître vertigineusement, par doublements succes-

1. *Aubier, éditeur.*

sifs. L'addition ajoute imperturbablement une unité au bout d'une unité. Le nombre des humains, d'après Malthus, devait galoper vers l'infini à une vitesse sans cesse fantastiquement accélérée, alors que l'accroissement de la nourriture avancerait à petits pas de vieux, un grain de blé et puis encore un grain de blé... Et de toute façon la superficie cultivable est limitée. Malthus prédisait, si rien n'arrêtait le processus, le retour des grandes famines régulatrices, mais aussi des troubles sociaux, des guerres gigantesques, de terribles malheurs, la ruine de la civilisation, la fin de toute société organisée. Vous voyez, quel vieux con !

On le lui fit bien voir.

La bourgeoisie industrielle du XIXe siècle et l'aristocratie militaire, ces dévoreuses d'hommes, étouffèrent l'œuvre de Malthus. Leurs curés en firent un débauché corrupteur d'âmes naïves. Ce n'est qu'à la fin du siècle que les mouvements libertaires le redécouvrirent, lancèrent le « néo-malthusianisme », lequel ne se contentait pas de prédire le malheur mais, essayant de le prévenir, préconisait le contrôle des naissances par la contraception ou, faute de mieux, par l'avortement. Le néo-malthusianisme fut un des grands thèmes de la lutte ouvrière, avec le syndicalisme, le pacifisme, le socialisme, l'anti-alcoolisme. « Ton ventre est à toi, à toi seule ! » disait-il aux femmes.

Malthus n'avait pas les moyens de prévoir que, lorsque le niveau de vie d'une population s'accroît, une régulation des naissances s'établit automatiquement. Pour la première fois dans l'histoire de l'humanité, on voit dans tous les pays nantis d'une certaine sécurité quant à la satisfaction des besoins essentiels (et même de pas mal de superflus) la courbe de la natalité baisser avec une remarquable unanimité. L'absence de liberté, les tracasseries policières et la présence de la réalité concentrationnaire n'influent même pas sur l'allure du phénomène. Il semble bien que l'abondance, même toute relative, de biens matériels, de loisirs, d'intérêts culturels, autrement dit la douceur de vivre, soit le seul facteur.

Il y a des gens qui n'aiment pas ça. Ils reprochent à Malthus et à sa doctrine pernicieuse la réticence des peuples nantis à procréer. Ils taxent de « malthusianisme » les aspirations des individus à vivre un peu pour eux-mêmes en profitant des plaisirs que le progrès social et technique met à leur disposition, au lieu de n'être que des producteurs de richesses tenus à l'écart de ces richesses et des pondeurs de futurs exploités. Ils sont cramponnés à cette vision néanderthalienne de la force par la multitude. D'où le texte du *Monde*.

Un million par enfant à partir du troisième ! « Cette mesure, commente *Le Monde*, qui pourrait concerner environ 125 000 personnes, coûtera à la Sécurité sociale 700 millions de francs par an. »

Je croyais la Sécurité sociale en détresse, au bord de la faillite ? On rogne sur les remboursements, on punit les médecins qui prescrivent trop, on n'a pas le rond pour de nouveaux hôpitaux, les recherches pour le cancer sont abandonnées à la générosité des quêtes dans la rue... Ces 700 millions, 70 milliards anciens, d'où vont-ils les sortir ?

Ces obsédés de la Force par le Nombre, qui sont-ils ? Eh, mais, les gens qui nous gouvernent. C'est en Conseil des ministres que s'est décidée la chose.

Donc, non seulement Debré-l'Entonnoir et ses petits excités, mais Giscard et ses féaux sont pour la ponte accélérée de la femelle française. Que veulent-ils donc ? Fabriquer des chômeurs ? Des pioupious pour la Troisième fraîche et joyeuse ? Ou bien sont-ce des compliqués sexuels qui éjaculent chaque fois qu'une vulve française se dilate et s'écartèle pour donner passage à un bébé français, dans des flots de sang français, parmi des hurlements français ?

Ou bien raisonnent-ils comme monsieur Ducon, qui me rétorque que, face à l'irrésistible poussée chinoise, au raz-de-marée du Tiers-Monde, la France, l'Occident se doivent d'avoir un sursaut, de faire face, crânement, avec les couilles vaillantes de leurs mâles, avec les flancs généreux de leurs filles...

Mille millions de Chinois, cinquante-cinq millions de Français. En nous y attelant à couilles rabattues, nous arriverons à aligner quatre ou cinq millions de bébés tricolores de plus. Les Chinois, pendant ce temps, en auront empilé cent millions de mieux ! Encore les Chinois contrôlent-il sévèrement leurs naissances. Quant aux Africains, aux Hindous, aux Sud-Américains, c'est démentiel, c'est la super-nova, car eux ne contrôlent pas, n'ont pas envie de contrôler !

Ou bien est-ce que, vicieusement, on chercherait à nous habituer à l'idée que nos retraites, pour lesquelles on nous fauche d'office sur notre paye depuis que nous trimons dans cette vallée de larmes, que nos retraites ne seront pas payées, faute de, comme on nous l'explique avec persévérance depuis des années, jeunes bras pour faire fructifier ce capital ? On nous volera donc comme dans un bois, et en même temps on nous culpabilisera : si nous avions engrossé nos mémères de la puberté à la ménopause, nous jouirions d'une vieillesse à l'abri du besoin ! Travailler, c'est bien, cotiser, c'est mieux, mais tout ça n'est rien si nous ne leur pistonnons pas hardi petit nos spermatozoïdes plein les trompes d'Eustache ou là où ça se pistonne.

Écoutez, tout ça c'est du blabla d'obsédés rétrogrades. Faire des mômes est un luxe. Ceux qui en veulent n'ont qu'à se priver sur autre chose, c'est leurs oignons. Et même, non : faire des mômes, c'est surcharger la communauté. On n'a plus besoin de bras, on en aura de moins en moins besoin : un cultivateur d'aujourd'hui fait le travail de vingt d'il y a vingt ans. La machine est là, et l'automation. On n'aura bientôt plus besoin de cerveaux subalternes : ordinateurs. On demande seulement des concepteurs, des créateurs. Et pas pour longtemps : encore une ou deux générations d'ordinateurs et ces bougres-là seront plus intelligents que nous, des millions de fois, et plus rusés, et plus esthètes, et plus artistes, plus poètes, plus inventifs... Ça te fait peut-être pas plaisir, c'est comme ça, une fois les choses en route on ne peut plus les arrêter, les ignorer, faire comme si on ne les avait pas lancées.

Parler des « travailleurs », comme fait Marchais, relève d'une démagogie déjà désuète, qui ne touche que les vieux de la vieille. L'homme occidental (et, espérons, tous les hommes) est de moins en moins, ne sera bientôt plus du tout, un producteur, sera seulement un consommateur, une bouche à nourrir, une tête à distraire. À condition qu'il n'y en ait pas trop (la Terre n'est pas élastique, ses ressources sont limitées, de la promiscuité naît l'agressivité...), ça peut être le paradis.

Les crocodiles excités qui nous poussent à la procréation militante ne sont pas assez bêtes pour ignorer cela. Mais ça les dérange dans leurs vieux crânes fossiles raidis sur d'antiques schémas moraux-sadiques (toute morale est sadique) : férocité, concurrence, combat, la lutte ennoblit, etc. Alors, tablant sur le seul domaine laissé jusqu'ici à l'écart par le progrès – hélas, le domaine clef – : le psychisme humain, ils en font jouer les vieux ressorts reptiliens. L'âge d'or, disais-je, est pour demain, SAUF... Sauf si l'homme est trop con pour y accéder. Guerres, révolutions, désastres, retours à zéro, c'est ça qu'ils veulent, les crocodiles, ça qu'ils préparent, avec leur stakhanovisme du lapinisme. Des jeunes chômeurs plein les rues, quelle magnifique masse disponible pour n'importe quelle aventure à la con !

Ce n'est pas en pondant quelques Français de plus qu'on équilibrera la formidable marée exotique. C'est en persuadant les exotiques d'arrêter la ponte forcenée et, surtout, en les aidant à avoir ce qui nous a si bien réussi : le ventre plein, du confort, de la sécurité. S'il en est encore temps...

Allocations ? Un million au troisième enfant ? Je t'en foutrais ! Une taxe sur les mômes, oui ! Au-delà de deux. À quatre, privation des droits civiques. À cinq, supprimer tout droit à la retraite, interdiction de s'asseoir dans le métro, suppression des médailles militaires, port d'un insigne infamant, hôtels et restaurants interdits, stérilisation obligatoire (sans anesthésie), incitation aux enfants à cracher à la figure de leurs parents.

Enfants, si vous voyez une femme enceinte, jetez-lui des pierres. Chiens, mordez-la au cul.

Mae West, je t'aime !

Je me disais : « Ils vont faire un festival, plein de festivals ! » Je me disais : « Tous les cinoches des rues à frites vont la programmer gros comme ça, chouette, on va s'en mettre plein la lampe, on va enfin la voir fonctionner, la grande, la légendaire, la quasi-mythique Mae West ! »

Que dalle. À peine à peine ont-ils ressorti le *Fifi Peau-de-Pêche* dont une copie traîne en France depuis un an ou deux. Encore le projette-t-on à la sauvette, au cher vieil « Olympic », cher vieil mais perdu dans les solitudes extra-galactiques du Quatorzième, et à dix-huit heures ! Je vous demande un peu : qui va au cinéma à dix-huit heures ? Qui se risquerait si loin du système solaire à dix-huit heures ?

Trois pelés, une tondue en 45 mais ça a repoussé depuis, un chat avec une oreille en moins et certainement des problèmes intestinaux. Cinq en tout, vous pouvez compter.

Cinq pour voir *Fifi Peau-de-Pêche* ! Cinq pour dire adieu à Mae West, la plus anti-star des stars, la plus star des anti-stars. (Pardon, c'était un mot pour avoir l'air aussi intelligent que les confrères, vous avez raison, c'est con à pleurer, je le ferai plus, mais l'imprimerie me pousse au cul, chaque seconde compte, peux pas me payer le luxe d'avoir écrit une ligne pour la biffer ensuite.)

En ce temps-là, j'étais trop petit pour aller au ciné, mais je voyais bien les placards pour ses films dans les journaux, les affiches sur les murs. C'était une grande parmi les plus grandes, son nom faisait cavaler les foules comme ceux de Garbo ou de Dietrich. L'image cinématographique de la femme, imposée par Hollywood et acceptée avec enthousiasme par le public, était alors la vamp. La femme fatale. La mangeuse de vies, la dévorante, le spectre exquis au regard tragique, aux joues creuses, aux jambes à se damner. La mort, le déshonneur, l'abjection et l'impuissance sexuelle – au moins l'éjaculation précoce – rôdaient autour de ces maléficieuses. S'amène là-dedans Mae West. La supervamp. Celle qui ne se contentait pas de vous promener sous le nez un squelette avec des bas de soie, mais vous posait dans la main une fantastique anatomie répartie en volumes éblouissants de consistance, si j'ose me permettre. « Pulpeuse » est le mot, je crois. Pétant de santé, aimant le mâle et n'en faisant pas tant de salades, mangeuse d'hommes mais par le bon bout, Mae West ne donnait pas au spectateur envie de se suicider par une nuit d'orage, elle lui donnait envie de la culbuter, là, tout de suite, et de plonger dans ses généreux trésors en bramant de bonheur. Les cons et les connes la trouvaient « bien en chair », et n'auront retenu d'elle, les cons et les connasses qui font métier de biographiser cinéma-touillalement, que le tour de force, le paradoxe vivant d'une grosse mémère faisant le pari d'être un objet sexuel MALGRÉ ses abondances, et le gagnant haut la main. Mae West avait la solide santé que promettaient ses bonnes joues. Elle a lâché la rampe à quatre-vingt-sept ans, après avoir fait chier Hollywood et l'Amérique, leurs canons de beauté et leur sens du respectable, leurs ligues pour la décence et leurs méthodes de négriers. Elle n'acceptait un rôle que s'il lui convenait, faisait modifier ses répliques à son gré, introduisait des improvisations de son cru, et son cru était plutôt cru (Merde, un autre ! *Le Figaro* va me faire des offres).

Bon. Pour le festival Mae West, il semble bien que ce sera, comme je vous disais, balpot. Courez au moins voir *Fifi Peau-de-Pêche* (*Peach o'day*), s'ils le passent encore. *Fifi Peau-de-Pêche*, c'est un cadeau qu'elle s'est payé, elle l'a fait elle-même, pour elle-même, elle s'est amusée tout son saoul, parodie, canular, tout ce que tu veux, plaçant l'action en 1900 pour pouvoir faire des effets de corset et de plumes d'autruche, ondulant de la croupe juste ce qu'il faut, mais tout ce qu'il faut, se foutant du monde et d'elle-même avec cette belle santé qui toujours irradie d'elle.

Un reproche (pas à elle !) : pourquoi a-t-on coupé la séquence de la parade de Louis Amstrong soufflant dans sa trompette en gigotant avec tous ses négros ? Le chat s'est tiré avec ou quoi ? Enfin, vous voyez, ils vous baisent toujours, monde de vipères, on n'y échappe pas.

Saleté de Jeanne d'Arc !

Il est des vérités dures à entendre. La langue française, on ne peut plus se le cacher, tourne en eau de boudin. Pas seulement à l'étranger ou dans les assemblées internationales, mais en France même. L'anglo-américain écrase tout, partout, il n'y en a que pour lui, le français est réduit à l'état de dialecte local pittoresque à l'usage des snobs. Quelque chose de comparable au grec ancien ou au parler des tribus Bonlolo du haut Oubangui.

En France même, n'importe quel instituteur vous le dira, des dadais de quinze ans ne savent pas écrire. Je dis bien : littéralement. Ne lisent pas, déchiffrent lettre à lettre, en ânonnant, sont incapables de faire la différence, à l'oreille, entre les sons « é » et « ait ». Pourtant, ces dadais n'ont pas l'excuse de se cantonner à l'anglais, langue « utile ». Chez eux, c'est uniquement flemme et manque d'intérêt.

La flemme et le manque d'intérêt sont les tendances naturelles et spontanées de tout individu humanoïde lâché en chute libre. Le premier travail de tout enseignant, le plus important, consiste à lutter contre la flemme en éveillant l'intérêt. Depuis une vingtaine d'années, les enseignants sont secoués dans un tel panier à salade de réformes et de contre-réformes qu'ils ne savent plus, n'osent plus, ont peur de l'inspecteur, mais encore plus des élèves, et plus que tout des parents d'élèves.

Les parents d'élèves se foutent de la langue, du savoir et de la culture. Les parents d'élèves envoient leurs mômes à l'école pour qu'ils y apprennent à gagner plus de fric qu'eux en se salissant moins les mains. À quoi sert le français ? À devenir prof de français, profession où l'on gagne moins qu'à conduire un camion. Laisse tomber, mon fils ! T'en sais assez pour demander ton chemin dans la rue et pour remplir ta déclaration d'impôts, peut-être en tirant la langue et en faisant des taches, mais bon, ça n'arrive qu'une fois par an. Et le percepteur ne pénalise pas les fautes d'orthographe.

Laxisme à la flan et modernisme de gadget ont fait de l'école un jardin d'enfants pour arriérés où de grands cons avec déjà de la barbe font joujou à des « activités » d'une puérilité consternante. Plus de dictées, c'est un « procédé coercitif et humiliant » (!). Plus de rédactions, des « enquêtes » menées chez les commerçants ou dans la rue, magnéto-cassettes en batterie, comme des vrais d'Antenne 2. Plus à répondre aux questions en construisant une phrase correcte, on trace une croix dans la bonne case, comme aux jeux télé du dimanche...

Seules les maths les excitent un peu, parce que c'est la voie vers les carrières flatteuses. La science, ils ne savent même pas ce que c'est, à part les strictes recettes techniques utilisées dans leur future branche.

L'État a tout fait pour accélérer cette désagrégation de l'enseignement, pour le réduire à n'être qu'un préapprentissage et pour en supprimer ou en ridiculiser tout ce qui était formation de l'esprit, ouverture à la connaissance, effort « gratuit » (je mets des guillemets parce que rien n'est gratuit, et sûrement pas l'acquisition d'un jugement non débile), curiosité intellectuelle, accès à des loisirs qui ne soient pas abêtissants... L'État l'a fait en toute démagogie, cette politique de démission coïncide parfaitement avec les aspirations des masses, comme je vous le disais tout à l'heure.

Je sais, c'est à la mode de pleurer sur la culture qui fout le camp, et en même temps il est à la mode de dire à cette culture : « Bon débarras, fous le camp, salope élitiste, culture d'aristocrates, tyrannie d'une caste, imparfait du subjonctif, Rodrigue as-tu du cœur, centralisme abusif, principe d'Archimède et Cinquième symphonie ! Tu te croyais Culture, et seule ayant droit au titre, parce que raffinée et, surtout, DIFFICILE. Il est d'autres cultures, tout est culture, pimbêche, tout, le gosse qui donne des coups de pied dans une boîte de conserve fait de la culture, ça te la coupe, de la culture qui te vaut bien et qui, surtout, est FACILE. N'importe quel patois vaut bien le français, n'importe quelle bourrée vaut la messe en Si, n'importe quel radotage de n'importe quel rebouteux de village vaut toute la science de tes encyclopédies. »

Comme par hasard, tout ça va vers le plus facile et le plus flatte-con. Je ne crois pas être un apôtre de l'ascèse et du mérite. Je constate seulement que les choses sont ce qu'elles sont, plus souvent difficiles que faciles, et que le paradoxe est tentant de révéler aux foules ignares et feignasses : « On vous a menti ! Le français n'est pas une langue plus élaborée, ni plus belle, ni plus pratique que chacun des patois et dialectes locaux, c'est seulement la langue des oppresseurs, ne vous laissez plus faire, parlez la langue de votre village, si elle ne s'y parle plus depuis lurette réapprenez-la dans les livres, vive le particularisme de clocher ! » Tu crois qu'un bougre incapable d'écrire proprement le français fera des merveilles en breton, en picard, en morvandiau ?

Bon. Que ça me plaise ou non (ça ne me plaît pas) les livres qu'on imprime en ce moment ne seront lisibles, dans vingt ou trente ans, qu'à de rares lettrés. Pour qui les lire sera peut-être une sale corvée professionnelle. On tentera de sauver les meubles, au prix de concessions successives : réforme de l'orthographe (ce sera, pour un gouvernement, un gadget qui occupera l'opinion publique au moins autant que le débat autour de l'avortement), réforme de la grammaire, admission dans le dictionnaire d'une masse de vocables anglo-saxons, adoption de l'alphabet phonétique international, etc. Ça ne retardera même pas le naufrage.

Tout ça, c'est la faute à Jeanne d'Arc. Écoutez voir.

S'il n'y avait pas eu Jeanne d'Arc, la France perdait la guerre de Cent Ans, vous êtes bien d'accord ? Ou bien est-ce que même ÇA, c'est trop fort pour vous ? M'sieur, moi, l'année que c'était au programme, ils avaient supprimé l'enseignement de l'Histoire, alors ! Ouais... Vous m'emmerdez, y a plus de conversation possible. Tant pis, on va faire comme si. Bon. Jeanne d'Arc. Si pas de Jeanne d'Arc, le roi de France perdait la guerre et le roi d'Angleterre devenait en plus roi de France. Vu ?

Or, qui était le roi d'Angleterre ?

Un Français. Parfaitement. Là, je vous épate. Plantagenêt, il s'appelait. Quoi de plus français que ça ? Plantagenêt, Champdavoine, Mouchabœuf, hein, ça sent le terroir. Et si ce Plantagenêt faisait la guerre au roi de France, c'est parce que le vrai roi de France c'était lui, Plantagenêt, en ligne directe depuis Hugues Capet, l'ancêtre fondateur, tandis que le roi de France d'alors n'était qu'un rejeton d'une branche cousine qui avait usurpé le trône en prenant prétexte d'une certaine loi dite « salique » dont personne n'avait jamais entendu parler et qui, paraît-il, interdisait aux femmes de régner sur le royaume de France. Plantagenêt était héritier direct, mais il y avait une femme dans le coup, alors que Charles VII, héritier zigzaguant, slalomait de mâle en mâle. Mais passons.

Tout en étant rois d'Angleterre, les Plantagenêt étaient ducs d'Anjou et d'Aquitaine et seigneurs de beaucoup d'autres lieux en France. Ils parlaient français, évidemment. Et même exclusivement. Toute l'Angleterre parlait français. Eh, oui. Depuis plus de trois siècles, exactement depuis que Guillaume le Bâtard, duc de Normandie, avait mis la piquette aux Anglo-Saxons à Hastings. Toute l'Angleterre parlait français, c'est-à-dire le roi, la cour, les seigneurs, les curés, les militaires, l'administration, l'université, le commerce... Seul le bas peuple se cramponnait encore à un dialecte saxon abâtardi qui lui avait d'ailleurs lui-même été imposé quelques siècles plus tôt par la minorité oppresseuse des envahisseurs angles, saxons et danois. Le peuple ne se souvenait même plus que son parler d'origine était un patois celtique.

Ce n'était donc qu'une question de temps, le peuple désapprendrait l'anglo-saxon et apprendrait le français tout comme il avait désappris le celtique au profit de l'anglo-saxon. Le latin avait, vaille que vaille, mis quatre à cinq siècles pour éliminer en Gaule toute trace du celtique des autochtones et du germanique des envahisseurs, mais il en était venu à bout, et tellement bien qu'il s'était transformé et était devenu le français. Le français, langue officielle du royaume de Grande-Bretagne, grignotait tout doucement les résistances locales.

Si donc Jeanne d'Arc n'était pas venue interposer son fameux pucelage en travers du cours majestueux de l'Histoire, le roi d'Angleterre, devenu légitime roi régnant de France, aurait établi sa résidence à Paris. Il était français, ne l'oublions pas, pour lui l'Angleterre n'était que secondaire, la France était alors un pays vaste, fertile, riche, civilisé, alors que l'Angleterre n'était qu'un caillou aride, couvert de landes et de forêts, dont la seule ressource consistait en la laine de ses moutons et en la pugnacité de ses archers. Aucun doute là-dessus, le roi de France et d'Angleterre aurait tenu sa cour à Paris, le centre de gravité du système eût été Paris, le peuple d'Angleterre eût parlé français en moins de deux...

Et voyez-vous ce que je vois ? Les États-Unis d'Amérique parleraient français, ainsi que le Canada, l'Australie, l'Afrique anglophone... Le français serait la langue internationale par excellence, diplomatie, sciences, techniques, sports, danses, tout ça se dirait en français... Le rock serait le roque, un hot-dog serait un chien chaud et coca-cola se dirait beaujolais-villages... Non mais, vous vous rendez compte, un peu, ce qu'elle nous a fait louper, l'autre constipée du berlingot, avec ses visions de delirium tremens ?

L'incomparable saveur des globules blancs

Eh bien !... Quelle avalanche ! Cette histoire de dépistage obligatoire du sida, ça ne vous a pas plu ! Et quand quelque chose ne vous plaît pas, vous faites vraiment la gueule. Soudain on n'est plus qu'un vieux con (le mot qui se veut le plus méchant des deux n'est pas « con »), on vieillit mal, on vire facho, on a la peur au cul, on tremble pour ses vieilles miches grisâtres... On sentait chez beaucoup la tentation de me traiter de pédé, d'enculé... C'est ce qui vient spontanément à la bouche ou sous la plume quand on veut mépriser bien à fond, mais on se rendait compte aussi que l'honorable contradicteur s'était juste à temps souvenu qu'il l'était, lui, enculé, et pas au sens figuré. Le plus ingénieux d'entre vous m'annonce, en fin de lettre, que désormais je l'ai, le sida : il en avait imprégné les deux feuilles de papier et l'enveloppe, je préfère ne pas imaginer au moyen de quelles sécrétions. Un autre, qui, d'après l'écriture, n'en a plus pour longtemps, me traite de plouc ignare car on ne dit pas « sidateux », ni même « sidaïque » mais bien « sidéen ». Merci, sidéen. J'en tiendrai compte, promis. N'empêche, que c'est donc vilain ! Pourquoi alors ne dit-on pas aussi « cancéréen » ? « Mal entendéen » ?

J'ai tout lu. Jusqu'à la lie. Des matelas, la plupart gribouillés, quasi illisibles, salauds ! Vous l'avez fait exprès, hein ? J'ai tout lu, j'ai beaucoup souffert, mais ne croyez pas que je vais vous répondre un par un. Moi, je bosse, moi, si vous pas. Je vais quand même vous faire un petit bout de réponse passe-partout, c'est tout ce que vous méritez, et ce sera l'objet du présent article, comme ça, en plus, je serai payé pour (enfin, j'espère) et j'économiserai les timbres. C'est parti !

En gros, il ressort de vos hurlements :

Premièrement, qu'un dépistage obligatoire de séropositivité serait coercitif, donc odieux, générateur de fichiers toujours prêts à mordre, et peut-être dangereux, étant donné la psychologie sommaire de l'individu tout-venant et ses réactions prévisibles de désespoir. (« Alors, je suis fadé ? Pourquoi moi ? Pourquoi justement moi ? Et les autres, alors, tous les autres, rien ? Frais comme l'œil, les salauds ? Oh, mais, attends un peu ! Oh, mais, je crèverai, d'accord, mais pas tout seul, ça non ! Et je vais te contaminer un max de populo avant d'éternuer mon Kaposi, tu peux y compter ! ») Vous voyez ce que je veux dire.

Deuxièmement, que néanmoins et nonobstant il est hautement souhaitable que le plus grand nombre possible de citoyens et de citoyennes informés et responsables aient spontanément le geste éminemment civique de se faire examiner et en tirent les conséquences raisonnables. Plus brièvement : dépistage volontaire. Hmm...

Troisièmement et enfin, que tout individu, quel que soit son sexe et même s'il n'est pas très fixé lui-même quant à cet aspect de sa personnalité, et même s'il est garanti séronégatif à cent pour cent, prenne exactement les mêmes précautions que s'il était séropositif, puisque le risque est là, partout, omniprésent, et le sera de plus en plus tant qu'un explorateur de microscope n'aura pas fait faire à un laboratoire quelconque la plus fabuleuse fortune de tous les temps en mettant au point le vaccin magique... Eh, oui, c'est comme ça, j'ai lu très attentivement les beaux dépliants en couleurs avant de les foutre à la poubelle : positifs ou négatifs, nous sommes tous condamnés à la même galère, les uns parce qu'ils l'ont et peuvent le donner, les autres parce qu'ils ne l'ont pas et peuvent l'attraper. J'irai même jusqu'à oser suggérer qu'un positif, bon, il l'a, c'est pas gai, mais il ne craint plus de l'attraper. Vicieux comme je suis et sceptique sur la moralité de l'individu moyen, ainsi que je vous le disais plus haut, j'insinue que certains (combien pour cent ?), foutus pour foutus, se vengent hargneusement et dès maintenant sur l'humanité entière en inoculant à zobb que veux-tu. Alors que le négatif, lui, est dans une position précaire, en état d'équilibre instable, puisqu'une seule chose peut lui arriver : l'attraper. Le plus anxieux des deux est donc le sain. C'est ce qui ressort nettement, bien que non souligné, de toute cette littérature abondamment illustrée. Que jamais ta queue ne mette le nez dehors sans être emmaillotée de caoutchouc bien chaud (voir schéma pour la pose et la dépose correctes) ! Que jamais tes doigts n'effleurent une goutte d'un sang inconnu (attends un peu que viennent les temps où il abreuve les sillons...) ! Que l'eau de Javel congrûment diluée te suive partout ! Que le coiffeur, le dentiste, l'acupuncteur, le tatoueur et l'oursin stérilisent leur petit fourbi devant tes yeux. (Et les vacances aux latitudes rustiques, hein ? Et les matelots en bordée et bien bourrés qui s'envoient des petites filles au cul sale dans les fameux bordels d'Asie et puis rapportent ça à la maison ? Et...)

J'en viens à ma grande question, celle qui ne m'a

valu en réponse que des allusions méprisantes concernant ma trouille immonde :

Puisque le virus est véhiculé par le sang et par le sperme qui est un produit du sang, comment ne se retrouve-t-il pas dans les autres sécrétions élaborées à partir du sang, notamment la salive ?

Tout ce que vous avez trouvé comme explication scientifique, et que d'ailleurs ressassent aussi vos innombrables imprimés en couleurs, c'est l'affirmation que, à ce jour, on ne connaît « pratiquement » pas de cas de contagion par le baiser. Moi, je veux bien, je demandais seulement qu'on m'explique pourquoi. Existe-t-il donc un filtre, une barrière, un mécanisme biologique quelconque ? Dans ce cas, qu'on me le décrive. Car se borner à constater une non-démonstration de contagiosité n'est pas une démonstration. Ce peut n'être là que la conséquence de statistiques défaillantes.

Un imprimé plus circonspect m'a fait dresser l'oreille. Il y est dit que « probablement » (!) les virus passent dans la salive, mais en nombre trop restreint pour inoculer l'infection. Oh, oh... C'est du roman. On suppose, on imagine... Il n'en reste pas moins un semi-aveu : le virus n'est pas totalement absent de la salive. On avance, on avance... Ça me rappelle quelque chose. Ça me rappelle les tout premiers coups de semonce du sida, quand on le proclamait maladie uniquement due aux pratiques sodomiques. Vous souvenez-vous ? De graves spécialistes nous affirmaient tout aussi péremptoirement que la muqueuse anale, mal adaptée à cet usage, laissait passer le virus, et elle seule : l'amour « normal » pouvait dormir tranquille. Positions de repli qui cèdent l'une après l'autre devant la vérité, mais le plus tard possible. Le plus grand souci des responsables est politique, et même policier : éviter la panique, laisser les gens deviner peu à peu et s'habituer à l'horreur. L'habitude est mère de la résignation.

J'ai quand même reçu une réponse, une seule, qui ne se réfugie pas derrière le flou des mots et le vague de la propagande. Elle est en plus très marrante, je voudrais bien vous la retranscrire *in extenso*, mais elle est fort longue et gribouillée faut voir. En substance, après m'avoir, comme de juste, engueulé pour la chose du dépistage, elle me suggère ceci :

Le virus élit domicile dans les cellules immunitaires, entre autres dans les globules blancs du sang. Le sperme contient des globules blancs (c'est ce qui lui donne cette saveur incomparable). La salive n'en contient pas. Séduisant, non ? Je suppose que la dame sait de quoi elle parle (c'est une dame, oui, une dame docteur). Bon. On arrête. Je vais voir si je peux faire passer la lettre. Sinon, peut-être une autre fois ?

Les seins d'Agathe

En cherchant autre chose dans le gros dictionnaire – vous savez comment sont les dictionnaires, ils vous happent par-devant par-derrière –, je tombe sur « Agathe (sainte) ». Sainte, donc martyre. Savez-vous ce qu'ils lui ont fait, à Agathe[1] (sainte) ? Ils lui ont coupé les seins. À ras. Rien que ça, déjà, hein... Mais attends, attends ! Elle se protège les seins avec les mains. Geste, veux-je croire, purement instinctif, impulsion irraisonnée, qui n'ôte rien à la pureté de sa foi pas plus qu'à l'ardeur de son aspiration au saint martyre. Elle protège donc ses seins, ses mignons petits seins. De ses mains. Qu'à cela ne tienne : le bourreau, d'un seul coup, un beau coup, ample et précis, coupe les mains en même temps que les seins. C'est un métier, eh oui. Tu ne te sens pas bien ? Moi non plus.

Le dictionnaire est plein de choses de ce genre. De saints martyrs éventrés dont on enroule soigneusement les intestins sur une espèce de treuil à tambour, tandis que le saint, mains jointes, yeux au ciel, sourit

1. Réflexion faite, ce n'était peut-être pas Agathe. Je n'arrive pas à me rappeler quelle sainte il s'agissait, que voulez-vous, je n'ai pas la mémoire des noms. Mais tous les détails de l'édifiant épisode, ceux-là, oui, je les garantis.

ineffablement sous son auréole toute neuve... Et on raconte ça aux petits enfants ! Mais attends...

On a fait de sainte Agathe[1] maintes images et statues de bois ou de pierre. On l'y voit, tantôt portant dans ses mains ses seins coupés, tantôt sans mains ni seins. Les touristes, pieusement, cherchent le bon angle pour la photo. Et attends ! On en fait des brioches. Des brioches en forme de mains coupées, des brioches en forme de seins coupés... Ça se vend ? Ça se vend, ça se mange, c'est une spécialité du pays, vois-tu.

Ça me rappelle ces têtes de cochon hilares qui servent de label aux grandes marques de charcuterie industrielle. Même bon goût de charognards, même sadisme rampant, pas si inconscient que ça, toujours prêt à jaillir. Abject. Mais bien dans la ligne d'une religion qui a pris pour dieu un cadavre pourrissant écartelé sur un poteau de torture.

Quand j'avais l'âge du catéchisme, à la messe du dimanche, ma place assignée parmi les autres gosses était telle que j'avais devant les yeux, tout près, une fenêtre à vitrail où l'on voyait, grandeur nature, saint Sébastien lié à son poteau. Le malheureux, tout nu

---

1. Si c'est bien d'Agathe qu'il s'agit... Enfin, bon, le lecteur rectifiera de lui-même, hein. Je ne peux pas me taper tout le boulot. Tiens, au fait :

Appel au lecteur : Quel est le nom de cette nom de Dieu de sainte qui m'a inspiré le sujet de ce nom de Dieu d'article, si ce n'est pas Agathe ? Mais peut-être est-ce quand même UNE Agathe (rien ne s'oppose à ce qu'il y en eût plusieurs). Ou, peut-être encore, ce supplice délicatement raffiné servit-il d'ascenseur vers le Ciel à plus d'une vierge aussi riche de seins que de foi ? J'attends vos réponses.

C'est vrai, quoi : pourquoi Luce Lapin aurait-elle l'exclusif privilège de vos lettres (hypocritement attendries par le sort des bébêtes, en fait dégoulinantes de stupre entre les lignes) ? Je suis pas mal non plus, dans mon genre, mais moi, c'est tout dans la tête. Fin de l'appel au lecteur.

sauf un petit pagne pour la pudeur, était hérissé d'innombrables flèches dont le criblaient de cruels mécréants qu'on ne voyait pas. Il saignait beaucoup. Ses plaies étaient très bien peintes, très ressemblantes. Pendant toute la messe j'avais cette horreur devant moi, un peu sur ma gauche, je ne pouvais m'empêcher de regarder. J'éprouvais une trouille épouvantable, une trouille telle que j'en oubliais d'avoir pitié. Pitié ? Mais ce garçon à qui on faisait ces choses abominables, c'était moi ! Qu'aurais-je fait, moi, s'il m'avait fallu choisir entre mon dieu et les flèches ? Hélas, je savais trop bien que j'aurais renié tout ce qu'on aurait voulu, et j'avais honte, et je me traitais de lâche et de piètre chrétien, mais je ne pouvais pas me raconter d'histoires... J'en étais malade.

Depuis, j'ai su que la torture et l'abomination sont chose courante, que des millions d'hommes y passèrent et y passent, partout dans le monde, et pas seulement pour leur faire renier leur dieu mais tout bonnement pour obtenir des renseignements, pour « faire un exemple », pour les punir d'être d'une race différente, ou pour le plaisir, le sain et rassurant plaisir de se trouver du bon côté, du côté du manche de la hache...

Je ne m'y suis jamais fait, et, après toutes ces années, il suffit que j'entende ou que je lise le nom de saint Sébastien pour que surgisse à mes yeux, sur le vitrail inondé de lumière de l'église de Nogent-sur-Marne, l'épouvantable charnier vivant, pour que, du plus profond de mon marécage intime, remonte la noire et puante trouille, et ma culpabilité.

Plus encore qu'aucune autre religion, peut-être, le christianisme exalte l'horreur, se vautre dans le morbide, attise la viscérale terreur de la bête humaine devant la mort et la mutilation. Religion dégoulinante de sang et de larmes, elle pue le cadavre.

Fessons la prof !

Figurez-vous que je viens de m'apercevoir d'une chose. Quelle ? Eh bien, c'est que mon petit baratin hebdomadaire est discrètement coiffé par ce « chapeau » flatteur : « *Charlie Hebdo littéraire* ». Je vous assure. Jetez un œil en haut de la page, vous verrez si c'est pas vrai. Chouette, mes drôles ! On va causer culture. Sortez vos revolvers à eau.

Un lecteur m'écrit « La prof de français nous a dit qu'il est inutile d'apprendre à conjuguer le passé simple, car c'est un temps archaïque, aujourd'hui complètement inusité ».

J'en suis resté comme deux ronds de flan. (Au passage : « flan », et non « flanc ». Et encore : ces « deux ronds » ne sont pas des rondelles découpées dans le flan, mais bien deux sous [dix centimes !], « deux sous de flan ». Moi, le flan, je le raffole, comme dirait Bérurier.)

La sombre connasse qui a proféré cette ânerie devrait être fessée devant toute la classe (ah, les blanches fesses des profs de français !). Elle eût pu, à la rigueur, dire que le passé simple est de nos jours peu usité dans le langage parlé, le passé dit « composé » ayant sournoisement fauché sa place. Mais elle eût dû ajouter qu'il persiste et triomphe dans l'expression écrite ! Le passé simple est par excellence le temps de la narration. Tous les romans, tous les récits, sont écrits au passé (sauf si l'auteur a délibérément choisi le présent, afin de donner de la vivacité à la chose ou la situer hors du temps), faisant alterner l'imparfait et le passé simple suivant besoin. Le passé simple décrit l'action furtive, précisément située dans le temps. L'imparfait, lui, est le temps de l'action continue : « François Ier baisait à couilles rabattues (imparfait : il avait coutume de faire ça). Il baisa un jour la Belle Ferronnière, qui lui flanqua la vérole (passé simple : l'instant de l'action est précisé). »

Le passé composé n'est pas l'équivalent du passé simple. Le parler populaire l'a imposé, mais en appauvrissant la langue (c'est rare de sa part, mais ça arrive). Le passé composé est un temps d'état, de constat. Il constate quoi ? Que l'action est achevée. Qu'elle a été accomplie, à un moment non précisé, mais qu'elle est maintenant terminée. Il ne fait qu'annoncer le résultat. « J'ai mangé » (pass. comp.) constate que mon estomac est plein, qu'à un moment quelconque dans le passé je l'ai rempli. « Je mangeai » me décrit en pleine action. J'espère que vous avez saisi la nuance, je me suis donné du mal.

Si « il a couru » a pris abusivement la place de « il courut » dans le langage parlé, c'est au prix d'un abandon. L'anglais, n'ayant pas cette distinction entre passé défini et passé indéfini, mais en sentant le besoin, y est parvenu par un temps composé, avec auxiliaire. Nous, qui l'avions, la distinction, avons jeté délibérément par-dessus bord cette richesse et en sommes réduits à utiliser les mêmes subterfuges. Non, mais, quels rupins !

Ah, si B.B. était de gauche !

C'était mercredi soir. J'avais commencé mon papier comme ça :

Il s'agit de TF1. Il s'agit de Foucault. Il s'agit de Brigitte Bardot. Il s'agit d'animaux. Autant de raisons pour se faire ricaner à la gueule dans les pages de ce journal.

Je l'avais commencé comme ça parce que j'étais sous le coup de l'enthousiasme. Je voulais écrire : « Brigitte, ma grande, tu t'es défendue comme un lion. Tu as été émouvante, convaincante, courageuse, pas nunuche pour un rond. Tu as regagné à la cause des animaux martyrs tout le crédit que t'avaient fait perdre tes préférences matrimoniales et certaines allusions politiques pour le moins – disons – malheureuses. »

Même si TF1 l'a fait par sordide calcul opportuniste – pour « faire de l'audimat » – et récupérer un max de crédibilité auprès des marchands de pub, il fallait que ce fût fait. Si c'est de l'attrape-gogo, les autres chaînes n'avaient qu'à t'ouvrir leurs portes. Que ne l'ont-elles fait ?

« Je vous en supplie, ne portez pas de fourrure ! Faites vacciner, tatouer et stériliser vos chats, vos chiens ! » C'est tout bête, et pourtant il faut que ce soit dit, répété, martelé.

Je m'attends aux hurlements : « Bardot égale F.N. ! Bardot égale SS ! Cavanna chante Bardot ? Donc, Cavanna égale SS ! » Et toc !

Oh, les gars ! Vous croyez vraiment que les quelques millions de téléspectateurs qui sont restés collés au petit écran et ont chialé, ont hurlé, se sont juré de ne jamais chasser, de ne jamais porter de fourrure « vraie », d'être plus attentifs, plus responsables envers leurs bêtes et qui ont, là, eu la révélation du substrat de souffrance, d'angoisse et d'indifférence sur quoi est bâtie notre vie de tous les jours, ce qui se cache derrière les ravissantes images en couleurs des gastronomies... tu crois vraiment que tous ces braves gens, l'émission terminée, ont couru en bloc s'inscrire au parti à Le Pen ? Allons, tu rigoles !

Pourquoi, encore une fois, la gauche méprise-t-elle en général la cause de la souffrance animale ? Il n'y a pas deux souffrances, merde, deux indignations, deux compassions ! Tout ce qui vit et souffre m'émeut. On ne tue pas, on ne torture pas pour faire joujou, ni à Sarajevo, ni dans les Landes. Quiconque prétend lutter pour les droits de l'homme et va à la chasse n'est pas sincère, ou alors il a une muraille de béton au milieu du crâne. J'aime tout ce qui vit, hommes et bêtes. Mais rien que cela est suspect : si tu aimes AUSSI les bêtes, c'est que tu aimes moins les hommes ! Comme si nous possédions, dans je ne sais quel repli intime, un stock limité d'altruisme et qu'il soit criminel d'en détourner une partie, de le gaspiller aux dépens de l'Homme, bénéficiaire exclusif.

Où Brigitte s'est plantée, c'est sur la boucherie chevaline. Non qu'elle ait eu tort, mais elle a déclenché une levée de boucliers – c'est comme ça que ça se dit – de la part des bouchers hippophagiques – ça aussi, ça se dit comme ça. C'était une connerie, non seulement par ses conséquences prévisibles, mais par la restriction proclamée. En quoi manger du cheval, tuer des chevaux, est-il plus grave que manger, et donc tuer, des bœufs, des veaux, des moutons, des porcs ? Là, B.B. est tombée dans l'image mythique du cheval « bête noble », « plus belle conquête de l'homme », « compagnon », etc. Toute la chevalerie, tout le Far West, les cosaques... Si tu hiérarchises, petite, tu tombes dans le piège ! Voilà le cheval plus digne de considération que le bœuf, donc plus proche de l'homme. Et en avant l'imagerie « Ce regard presque humain, cette intelligence, cette fière allure ! Ah, voir un cheval galoper, libre, dans la verte prairie ! ». Ta pitié aurait-elle ses chouchoux ?

Oui, c'est vrai, les chevaux élevés pour la boucherie sont trop souvent traités de façon ignoble, les images que tu as projetées ne sont hélas que trop vraies ! Mais, ma grande, les bœufs aussi ! Les moutons, les chèvres, les cochons aussi ! Et les poulets, et les canards, et les oies (qu'on gave, en plus, elles)...

Erreur tactique, donc : tu as dressé contre toi l'unanimité des bouchers et de tout ce qui « fait » dans la viande de cheval : éleveurs, importateurs, intermédiaires... Mais aussi erreur, si j'ose dire, sentimentale. Tu rends ta position quelque peu incohérente par cette préférence.

C'est toute la boucherie qu'il faudrait condamner ! Et la charcuterie, et la volaillerie, et la pêche, et l'élevage des huîtres, et le commerce des escargots (l'épouvantable supplice de l'escargot qu'on fait longuement « dégorger » dans le sel...) et celui des grenouilles (coupées en deux, vivantes, aux ciseaux...) et... et...

Tu sais quoi ? Je ne suis pas végétarien. Je ne sais pas si, comme il est enseigné, une alimentation purement végétale manquerait vraiment de certains acides aminés indispensables. Mais il est une suggestion que je répète depuis bien longtemps, partout où l'occasion m'en est donnée, et c'est de chercher à fabriquer de la viande, de la matière quasi animale, sans avoir à tuer. Soit la synthétiser à partir de matière végétale modifiée, soit la « cultiver » sur liquides nutritifs... Rêveries, soit. Mais que les progrès galopants des sciences et techniques rendent de moins en moins chimériques. Pourquoi ne pas élever des biftecks-clones dépourvus de sensibilité, donc échappant à la souffrance, à la peur, etc. ? Je suis même prêt à bouffer du bifteck bricolé à partir du pétrole, de vieilles boîtes de Coca-Cola ou de capotes anglaises ayant servi... Mais le goût, voyons ! L'exquise saveur d'un filet de charolais, l'inimitable parfum d'un foie gras amoureusement concocté selon la tradition de ma grand'mère... Merde à la gastronomie, cet « art » de minus mis à la mode parce qu'il fait de si belles photos couleurs dans les magazines et colle les bonnes femmes à la cuisine !

Tout se passe comme si...

Je suppose qu'une grande partie de la surface de papier disponible dans le présent numéro sera remplie bourrée dégoulinante de la tuerie dans le tombeau d'Adam et Ève, à Hébron. Je vais donc vous parler d'autre chose. Je vais vous parler patinage artistique. Ça aussi, c'est d'actualité. Et c'est très joli. Alors, vous allez être contents : le sang et les tripes éclatées, ça va un moment, mais trop, c'est trop. Place à la grâce et à la beauté.

Avant tout, que je vous prévienne. D'une part, le patinage m'emmerde. Profondément. Douloureusement. D'autre part, la danse me les brise menu menu. Alors, imaginez, la danse sur patins à glace !... Une brute absolument fermée à l'Art, à l'Effort persévérant, à la Vraie Beauté et au crissement des machins en fer sur la glace griffée, même noyé dans des flots de *Beau Danube bleu* ou de *My Fair Lady*, voilà ce que je suis. Un paquet de viande et d'os ficelé à la diable, un cerveau pas tout à fait sorti de l'animalité, c'est moi. Alors, pourquoi, direz-vous, pourquoi papoter patinage, et artistique, de surcroît ?

Parce que, vous réponds-je, cette fois, les patins et ce qu'on fait avec ne tiennent qu'une toute petite place dans l'affaire. Juste un prétexte, à peine. On aurait pu virer la glace et la remplacer par la litière du chat, ça n'aurait rien changé quant à l'essentiel. Le spectacle était ailleurs. Un fameux spectacle. Pas nouveau, mais efficace. On a pleuré dans les chaumières, on a serré les poings dans les H.L.M. Je ne vais pas vous raconter la chose, vous l'avez suivie – le moyen de l'éviter ! –, vous avez vibré, vous avez pleuré. Un court résumé pour vous remémorer :

À ma droite, une bonne petite fille, gentille et bien élevée, une vraie Blanche-Neige. En face, une immonde salope, pleine de sexe et de méchanceté, gueule de gouape et culot monstre. La salope, avec un ricanement sinistre, envoie (envoie *peut-être* : gaffe au procès !) des tueurs casser la jambe de la mignonne à coups de barre de fer, comme ça elle aura la médaille d'or, puisque seule la bonne fifille pouvait la lui ravir. Tout ça est – malédiction ! – révélé juste avant les Jeux. Scandale. Mais le cas est trouble. La vilaine fille ira quand même en Norvège. La gentille aussi. La terrible barre de fer n'avait laissé qu'un léger bleu, décidément les casseurs de jambes ne sont plus ce qu'ils étaient. Magazines et télés se régalent l'objectif. Quelle gueule va-t-elle tirer, la salope ? Honteuse ? Confuse ? Arrogante ? Eh bien : arrogante. Oh, l'effrontée ! Pas de remords, alors ? Pas le moindre. Et elle ose concourir contre sa victime, contre la pauvre petite Blanche-Neige avec sa pauvre petite jambe toute cassée ? Elle ose. La gentille, elle, modeste, magnanime, belle comme la vertu et l'innocence réunies... Dans les deux hémisphères la passion monte et, comme le dit *Le Figaro*, s'exacerbe. Kiosques et audimat s'enfièvrent.

Vient l'heure de vérité. La glace grinçante mais impartiale va rendre son verdict. Jugement de Dieu. La méchante ne peut pas gagner, puisqu'elle est la méchante. D'ailleurs, à peine en piste, elle fait des simagrées, ergote, dit qu'elle a bobo à son patin... Tout pour se rendre antipathique, la garce. Oh, elle a le vice dans le sang ! Huées du public. Le public est pour la justice, toujours. La haine flamboie comme un soleil. Ovation monstre quand se présente la gentille fifille, qui exécute un numéro correct, rien à dire, mais quand même pas tout à fait tout à fait ce qu'on était en droit d'attendre d'une qui incarne l'innocence persécutée et la vertu triomphante.

Légère déception. Le jugement de Dieu manque d'éclat. Il y a comme du mou dans l'immanente justice... Mais, ô divine surprise, une source d'attendrissement se tarit, aussitôt une autre jaillit ! Qui ramasse la prestigieuse pastille dorée ? Une toute petite Ukrainienne, une humble, une pauvre, une pâlichonne « avec une fourrure en faux lapin » (*sic*), une malchanceuse de naissance qui s'était, pas plus tard que la veille, ouvert la cuisse d'un malencontreux coup de patin... (peut-être bien télécommandé, après tout). À peine recousue, la petite Cosettka sanglotante se lance vaillamment et – il y a quand même une justice mais on ne sait jamais où elle va tomber – emballe les juges, enthousiasme la foule, monte au podium et fait oublier les deux connasses avec leur mélodrame foireux.

Eh bien, mais, dites voir, on dirait que le sport va enfin devenir moins chiant ! Voilà qu'ils mettent autour de ce qui se passe sur la piste ou sur le terrain des épisodes dramatiques qui vont finir par éveiller mon intérêt. Là, les deux connasses qui nous ont joué Blanche-Neige en technicolor, c'était du pur Walt Disney ! Ne me dites pas qu'elles étaient sincères, que l'attentat à la « barre de fer » en guimauve n'était pas bidon, que les deux morues n'étaient pas d'accord, que le scénario n'avait pas été mis au point par je ne sais quel imprésario roublard... Là, Cavanna, tu vas trop loin ! Tu fabules ! Ta paranoïa bien connue te fait voir des voyous partout ! Et d'abord, quel serait le but ? Elles n'ont quand même pas décroché la médaille suprême... Et alors ? On a amusé les foules, on les a fait vibrer, ça veut dire « audimat », ça, ça veut dire photos couleurs dans magazines, interviews, tout le bazar, et donc : pub. Fric. Dis-toi bien que quelqu'un a ramassé le paquet. Les deux gonzesses sur fers à repasser, un peu. Quelqu'un d'autre, beaucoup. Et le public marche ! Et tu marches, toi qui hausses les épaules et te frappes le front du doigt !

Tu sais quoi ? Une des grandes surprises de ma collection de surprises est celle qui m'échut le jour où je pris conscience que les spectateurs des combats de catch croyaient vraiment que les gars luttaient « pour de vrai ». Les épaisses astuces, les grimaces torturées, les cris de douleur, les sauts à pieds joints sur la tripaille, les projections de l'adversaire dans la foule, les coups en vache à l'arbitre... Ils prennent ça pour argent comptant, haïssent le méchant, soutiennent le bon, sans rigoler. Pour eux, c'est du sport, du pur, du loyal... J'étais jusque-là persuadé qu'ils regardaient ça comme je le regardais moi-même : des scènes de clowns, des ballets réglés d'avance où chacun tenait son rôle et cherchait à déchaîner les rires (chez les mâles) et le trouble sexuel (chez les dames). Moi, en tout cas, s'il m'arrivait de tomber là-dessus par hasard en zappant comme je zappe et de m'y attarder, je me marrais bien, pour peu que les types fussent doués.

Je ne suis apparemment pas le seul à m'en être aperçu. Des malins ont compris que le sport tout sec, ça ne suffit plus aux foules, sauf peut-être quand il s'agit de sports d'équipes nationales comme le football, avec chauvinisme incorporé. Sans cela, il faut y ajouter du mélodrame. De « l'humain », comme dit

Ducon. De la larme à l'œil. Du « Poulidor-qui-est-toujours-sur-le-point-d'avoir-le-maillot-jaune-mais-que-la-malchance-poursuit-obstinément ». Qu'est-ce qu'il fut aimé, Poupou ! Bien plus que s'il avait gagné. Les organisateurs des Tours de France et autres opiums devraient y songer. Systématiser la chose. Payer des scénaristes pour mettre de l'humain et du pathétique autour du sec noyau.

Mais peut-être tardé-je ? Cette idée que je crois neuve, peut-être est-elle depuis lurette appliquée ? Les hooligans briseurs de gradins et défonceurs de crânes, à la réflexion, ne seraient-ils pas des figurants, payés au tarif syndical et cotisant Sécu, chargés de tricoter un peu de dentelle autour des sévères lignes blanches ?

Qui baise dîne

Dans quelques jours se réunira au Caire une Conférence internationale sur la population et le développement. Quand se réunit une Conférence, et internationale, s'il vous plaît, c'est que quelque chose va mal ou menace d'aller mal d'ici peu, ce quelque chose étant précisé dans le titre de ladite Conférence. Nous voilà donc prévenus. La chose qui inquiète en ce moment les nations au point de les faire se réunir en une Conférence concerne la population et le développement. C'est donc de cela qu'il va être question au Caire.

Qu'est-ce qui provoque l'inquiétude des nations concernant la population et le développement ? En ce qui concerne la population, sa croissance, que les gens sérieux se plaisent à qualifier d'« explosive ». En ce qui concerne le développement, sa croissance aussi, qui, elle, est qualifiée par les mêmes autorités de catastrophiquement négative. Il est en outre précisé que c'est là où la croissance de la population est le plus violemment explosive que le développement est le plus désastreusement négatif. Succinctement dit : plus il y a de bouches à nourrir, moins il y a de nourriture. Effectivement, ceci pose problème.

Pourquoi, dans les pays maudits, la population croît-elle à une allure folle ? Parce que les pauvres baisent comme des malades. Mais nous aussi, les bien-nourris, nous baisons comme des malades, et notre démographie ne croît pas en catastrophe pour autant ! Oui, mais, nous, nous prenons nos précautions. Retenez bien ce mot. Nous baisons pour baiser, pas forcément pour procréer, pas à chaque fois, en tout cas. Les pauvres, eux, sont, premièrement pauvres, deuxièmement fiers, troisièmement crédules.

Étant pauvres, ils n'ont pas les moyens de se payer ces produits de la technique civilisée qui permettent de baiser sans déposer à chaque coup la petit graine dans la fleur de maman.

Étant fiers, ils tiennent à prouver aux voisins et amis qu'ils en ont une paire sous le pagne, une grosse paire pas feignante et en état de marche. On place sa fierté où l'on peut. Cette preuve ne peut se donner qu'en engrossant sa bonne femme, en la maintenant sans cesse en cloque, et en lui faisant pondre des fils par paquets de douze (les filles comptent pour du beurre, on les jette aux cochons).

Étant crédules, ils obéissent pieusement à ceux qui savent ce que veut le Dieu féroce qui les a créés, c'est-à-dire au pape, au grand rabbin, à l'ayatollah en chef, bref, au gourou de la secte où le hasard les a fait naître.

Qu'on le prenne par où l'on veut, le problème de la démographie galopante des peuples misérables ne peut se régler que par un contrôle des naissances. La difficulté consiste dans les moyens à mettre au point pour y parvenir. Ce devrait donc être là le premier souci des gens qui vont se réunir au Caire, et ce n'est certes pas un mince souci.

Eh bien, non. Car, ici, les gourous ci-dessus mentionnés interviennent. Ils sont déjà intervenus. La Conférence est truquée avant même d'avoir commencé. Les gourous ont travaillé en coulisse. L'athéisme étant fort peu répandu, il en découle que chacun des membres de la Conférence appartient à une variété religieuse d'entre les grandes variétés de prêt-à-porter existantes. Les chrétiens de la nuance catholique obéissent au pape. Le pape actuel est un fanatique, pour ne pas dire un fou furieux. Il se cramponne au « Croissez et multipliez » qui avait sans doute quelque utilité aux temps où son dieu s'adressait à de chétives tribus disséminées dans des immensités et où un gosse sur vingt atteignait l'âge d'homme. Cet enragé (on va encore se farcir un procès pour blasphème, ou pour outrage à chef d'État étranger, ou pour autre chose, ils trouveront bien...), cet enragé, donc, interdit sous peine d'enfer à perpète l'usage de tout moyen de détourner le spermatozoïde frétillant du « vase d'élection », c'est comme ça que ça cause. Même pour éviter le sida ? Même ! Le sida est une punition divine, baisez vos femmes et rien qu'elles, vous ne l'attraperez pas. Et par le bon côté, s'il vous plaît ! Ne trichez pas ! (En passant : pensez-vous que Serbes, Croates et Bosniaques, quand c'est leur tour de violer, mettent des préservatifs ? Laissez-moi rire ! Donc, ils ne se chargent pas de ce péché-là, en plus. Il leur sera beaucoup pardonné, ainsi qu'aux Tutsis. Et le sida galope au cul des guerres, mais c'est une autre question, pas toutes à la fois.) Le pape est allé jusqu'à s'allier en douce avec les intégristes musulmans, ces païens étant, sur le point du lapinisme pieux, non moins enragés que lui-même. À ce lobby se joignent les sectes protestantes américaines tueuses de médecins avorteurs et incendiaires d'hôpitaux. Cela fait beaucoup de monde, du monde fanatiquement motivé et puissamment influent.

Il ressort de tout ça qu'au Caire ne sera un peu sérieusement examiné que le deuxième terme du problème, à savoir : comment augmenter la production de nourriture pour gaver les dix à douze milliards de croquants qui grouilleront sur la planète vers l'an 2030. Le premier terme, c'est-à-dire comment éviter le raz de marée de panses à remplir, n'aura été qu'effleuré et bien vite escamoté. Des scientifiques culs-bénits démontreront que la Terre peut parfaitement nourrir cinquante milliards de goinfres, il suffit de le vouloir sincèrement, de s'organiser pour et de retrousser nos manches. Je n'invente rien, c'est le chiffre qu'ils donnent. Il faudra, bien sûr, innover. Inventer des nourritures autres que les céréales, la viande et le poisson, qui déjà demandent plus de surface qu'il n'y en a. On parle de protéines de synthèse, de transformation du bois et de la paille en amidon assimilable, d'élevage massif de vers de terre... N'importe quoi.

Vous aurez remarqué que ces gens n'envisagent le problème de la surpopulation que du point de vue de l'alimentation. Ils ne nous parlent que bouffe, ne veulent pas voir au-delà de la bouffe. Ils ne veulent pas envisager l'entassement, la pollution, les incidences psychologiques désastreuses du pullulement. Les terres immergées semblables au métro Châtelet aux heures de pointe... Le béton courant plus vite que les mères ne pondent (1 ha bétonné par tête de pipe ? plus ?). Seuls être vivants permis sur cette boule chauve : les hommes, et aussi les quelques animaux indispensables pour les nourrir tant qu'on n'aura pas trouvé à s'en passer...

Paradoxe : ceux qui, au nom d'un Principe supérieur, poussent au lapinisme forcené massacreur de « nature » sont les réactionnaires idylliques, prôneurs de bon vieux temps, cramponnés aux « valeurs » de grand-père et à la lettre d'un livre « sacré ». C'est contradictoire, mais ça ne les gêne pas, ces braves vieux assassins irresponsables, ces tueurs à bonne conscience. Pondez, foules affamées ! Demain, on trouvera bien de quoi vous nourrir. Ou après-demain... Et ce sont ceux-là qui traitent les écolos d'irréalistes ! De rêveurs utopistes ! Eux qui règlent tout en trois coups de cuillère à pot, au nom de la « parole de Dieu » et autres tabous imbéciles et invérifiables !

Il n'y a pas que la nourriture (supposé ce problème résolu) et l'entassement. Il y a les conséquences fatales et parfaitement prévisibles du surnombre : invasions, migrations, guerres civiles ou étrangères, massacres, massacres, massacres... Tout cela sur fond de chômage entretenu. Car, même si l'on arrive à produire de quoi nourrir, vêtir et distraire ces foules immenses, on n'a nullement besoin d'elles pour produire toutes ces bonnes choses. Imaginez ces masses colossales de branleurs, imaginez les masses de flics et de troufions nécessaires pour les contenir tant bien que mal, imaginez les combines malpropres autour du sexe, de la drogue... Imaginez la facilité, pour un excité mégalomane, « envoyé du Ciel », cela va sans dire, de fanatiser ces masses aux bras ballants, crédules et prêtes à toutes les aventures...

Torpillée d'avance par les gourous complices des « religions du Livre », la Conférence du Caire ne pourra que bavotter des fariboles et publier des communiqués rassurants afin de justifier les notes de frais. J'espère néanmoins qu'une ou deux grandes gueules lucides et indépendantes y foutront un peu la merde et diront ce qui doit être dit.

Tiens, une pensée pour prendre congé :

Ceux qui reprochent à la femme de n'être qu'un corps sont ceux qui voudraient qu'elle ne soit qu'un ventre.

Elle est de moi, je te la donne.

Du symbole en général,...

Mes chers enfants, voilà que vient de s'achever une semaine faste pour les collectionneurs de symboles en branches et d'allégories au point de croix. Il a littéralement plu du symbole, ce dont nous ne pouvons que nous réjouir.

En effet, qu'est-ce qu'un symbole ? Un geste rituel. Qu'est-ce qu'un geste rituel ? Un geste qui exprime quelque chose de plus que le travail qu'il accomplit en fait. Les exemples abondent. Je me contenterai de celui-ci : vous serrez la main d'un ami. Ce geste a pour but d'empêcher cet ami de vous envoyer cette main sur la figure. C'est là son utilité évidente. Mais derrière cette utilité triviale se cache une signification que vous déchiffrez sans peine, car vous y êtes initié, ainsi que nous tous, Occidentaux de vieille souche que nous sommes, et cette signification est telle : j'exprime par ce geste que tu es mon ami, que je t'honore et te respecte, que je ne te volerai ni ton or, ni ta femme (autant de mensonges, mais passons, ce sera l'objet d'une causerie ultérieure). Vous avez compris : le symbole utilise le concret pour exprimer l'abstrait. C'est pourquoi le symbole est honoré comme une manifestation hautement culturelle. Retenez ce mot.

Du pape,...

Puisons au hasard dans notre petit panier. Quel symbole en ramenons-nous ? Oh, un très beau ! Le baiser donné par Sa Sainteté Jean-Paul II, profession : pape, à la bien-aimée terre de Croatie. Baiser la terre sur laquelle on débarque est un symbole parmi les plus estimés des connaisseurs. L'utilité pratique du geste n'est pas évidente. De tous les vertébrés mammifères, seuls les papes baisent la terre, encore ces papes se réduisent-ils au nombre de un, Sa Sainteté Jean-Paul II, déjà nommé. Les chiens semblent baiser la terre. En fait, ils ne la baisent pas vraiment, ils la reniflent, afin d'y déceler les éventuelles traces de pipi d'un congénère, et puis ils lèvent la patte et rafraîchissent la piste odorante. Sa Sainteté ne lève pas la patte. Son geste est donc purement symbolique dans l'absolu du symbole. Que signifie ce symbole symbolissime ? C'est là que les exégètes divergent. Nous conclurons hardiment que ce symbole peut vouloir dire n'importe quoi, mais le dit haut et clair. C'est justement le fin du fin pour un symbole. Chaque témoin du fait l'interprète à son gré, fourre là-dedans plein de choses nobles, instructives et élévatoires pour l'âme, ça lui met à l'œil la larme de l'émotion douce et au cœur la conviction de n'être pas seul au monde à penser ce qu'il pense puisque le pape en pense autant.

Ce baiser symbolique du pape à la très chrétienne terre de Croatie différa un peu du rituel habituel. Pour cause d'ennuis de santé, Sa Sainteté éprouvait des difficultés à se mettre à quatre pattes. Devait-il pour autant décevoir les cinq cent mille Croates croassant qui attendaient ce bouleversant moment ? Il interrogea le Ciel. Le Ciel répondit « Non ! ». Cruel dilemme. Le Ciel comprit qu'il ne pouvait borner à ce monosyllabe sa collaboration. Il inspira donc à Sa Sainteté un expédient sublime. Puisque le pape ne pouvait aller au sol, le sol viendrait à lui ! On emplit une écuelle d'une grosse pelletée de la terre sacrée de Croatie et on éleva cette écuelle à hauteur de lèvres de pape. Le pape baisa. C'était un miracle ! Les Croates, gens pieux, ne s'y trompèrent pas. Ils tombèrent à genoux, les larmes aux yeux, chantèrent à trois voix un hymne croate très beau et puis rentrèrent chez eux se saouler la gueule et dérouiller leur bonne femme avant de lui planter un petit chrétien de la variété catholique romaine là où ça se plante habituellement.

des Croates...

Mais le pape dit « Halte ! ». Il avait encore des choses à leur dire. Il les félicita d'avoir chassé le communisme impie (applaudissements nourris), puis les exhorta à s'aimer les uns les autres (applaudissements mitigés), puis les exhorta à aimer leurs voisins serbes (silence), leurs voisins slovènes (silence) et leurs voisins bosniaques (murmures houleux). Il leur dit encore que leur lutte pour la liberté et la plus grande gloire du saint peuple croate catholique romain est noble et sacrée, que le Seigneur Dieu est tout à fait de leur côté et que donc ils ne doivent en aucun cas faiblir ou accorder des concessions à l'ennemi. Il ne leur dit pas (et c'est à de tels détails qu'on reconnaît qu'on a affaire à un gars vraiment élevé, question morale et tout ça), il ne leur a donc dit à aucun moment : « Aidez vos cousins serbes à massacrer jusqu'au dernier ces chiens galeux de Bosniaques mahométans et, quand ce sera fait, crevez-moi la panse à ces enfoirés de Serbes schismatiques, ces chacals puants, ces fils de putes qui font le signe de la croix de droite à gauche, comme s'ils savaient quelle main a été clouée la première... Videz-leur les tripes, violez leurs femmes et leurs gosses sans vous occuper du sexe (Dieu reconnaîtra les siens), violez-moi ça par tous les trous, hardi petit, et même faites des trous supplémentaires si vous êtes vraiment beaucoup, je vous bénis pour cela, mais, je vous l'adjure, mes bien chers fils, tout cela sans capote, surtout ! Car alors ce serait un péché. »

Il ne leur a rien dit de tel, le pape, aux Croates. Quiconque prétendrait le contraire, je le traiterais de menteur dans le prochain numéro. Le pape n'a parlé que paix, amour et victoire pour la sainte Croatie, j'en atteste.

et des foulards en particulier.

Ne quittons pas le domaine de la symbolique. Profitant de la rentrée des classes, l'affaire du foulard islamique rebondit. Si vous avez suivi attentivement la première partie de cet exposé, vous avez compris, j'espère, que le foulard n'est ici qu'accessoirement une pièce de vêtement destinée à protéger des brûlantes tempêtes de sable soulevées par le vent du désert le teint délicat de la jeune personne qui le porte. Le simoun saharien souffle assez rarement jusque sur nos banlieues pour que le port du foulard protecteur ne s'impose pas de façon permanente. Si cependant certaines écolières tiennent à s'en entourer la tête, non seulement dehors mais jusqu'en salle de classe, c'est parce que ce voile est porteur de symbole. Qui dit symbole dit message. Quel est ce message ? Il est tel :

« Allah est grand, Mohammed est son prophète et je te pisse à la raie, pauvre con de chrétien, cochon de youpin ! »

Cela répond parfaitement à la définition du mot « provocation ». Vous pouvez vérifier dans le dictionnaire. En plus, c'est illégal. La loi française est formelle : aucun insigne évoquant l'appartenance à une religion ou à un mouvement politique ne doit franchir le seuil de l'école.

À symbole, symbole et demi. À provocation cul-bénite, provocation cul-bénite d'en face. Les jeunes chrétiennes répondent en arborant, bien au milieu, dans ce qui sera la raie entre leurs globes jumeaux, comme dit le poète, une croix en or ou en simili, qui, elle, est pur symbole détaché de tout prétexte utilitaire, et qui proclame :

« Je suis française bon teint et cul-bénite à plein bain de siège dans le bénitier, je mange mon dieu en rondelles et je t'emmerde, sale bougnoule. »

Dois-je vraiment vous expliquer ce que sont censées affirmer à la face du monde la croix dite « de David » et la petite calotte brodée que portent nos concitoyens israélites ?

Je m'étonne que les parents sectataires de Krishna n'aient pas encore eu l'idée d'envoyer leurs enfants en classe en robes de bonze orange, brandissant des moulins à prières et psalmodiant « Haré Krishna, haré, haré ! ».

Bayrou a eu raison de prendre position là-dessus. Mais point n'était besoin d'un décret spécial. La loi existe, elle est précise, elle est formelle. Appliquons-la. Ne l'éparpillons pas, nous l'affaiblirions et prêterions à ergotage. La preuve : le décret précise que nul insigne religieux VISIBLE ne doit être toléré. Mais la jeannette cachée sur la peau peut en un clin d'œil jaillir sur le corsage. Mais le foulard plié au fond du sac peut tout aussi promptement sauter sur la tête...

Sur vingt mille jeunes musulmanes scolarisées, sept cents seulement se cramponneraient au port du foulard. Sept cents enfants de familles manipulées par les « fous d'Allah », ce n'est guère, mais cela peut être efficace pour déclencher ces excès d'où naissent les haines racistes.

Derrière la dévotion se tapit la haine, derrière la haine les ambitions politiques. Je n'aime ni les unes, ni les autres.

Ainsi donc, un ministre de droite peut se permettre le luxe de défendre cette laïcité que la gauche, tellement soucieuse de ne pas déplaire, a honteusement bradée... N'en tirez pas trop vite la conclusion que la droite, après les élections, donnera tout le pouvoir aux soviets.

Causons chiffons

Vous avez tous la télé. Et vous êtes tous de gros dégueulasses. Je veux dire : des obsédés sexuels. Ça nous rapproche. On va causer cul. Chic, chic ! Pas cul clandestin, pas cul de bouche à oreille, pas du tout. Cul officiel, cul de bon ton, cul qui passe sur le petit écran à l'heure du journal télévisé, à l'heure où les petits enfants hésitent entre la triste banane et le triste yaourt avec des vrais fruits. On va causer présentation de mode.

Je ne sais pas si vous vous souvenez, la haute couture n'était alors que furtivement présente à la télé, ce qui d'ailleurs vous excluait d'office, vous autres purotins, de la délectation de ses merveilles. Alors, je vous raconte. Un défilé de mode, c'était une succession de longues silhouettes asexuées, squelettes sans formes à la démarche de sous-off anglais, à la morgue qui se voulait aristo, au regard vide perdu dans les espaces, voulant ignorer qu'il y eût un public et que tout ce cinéma était pour l'épater. Des portemanteaux articulés, quoi. Un défilé de mode tenait de la messe des morts et de la reconnaissance du cadavre à la morgue. Vous voyez l'ambiance.

Bon. Faisons un saut dans l'hyper-espace. Nous revoilà aujourd'hui, autour de la table, le gosse a finalement choisi la banane mais maintenant il voudrait bien aussi le yaourt avec les vrais fruits, et, sur l'écran magique, se déhanchent sur leurs talons aiguilles de splendides salopes au sourire soleil, aux yeux nom de Dieu nom de Dieu les yeux, avec des regards qui promettent tout, et rien que pour toi, Dugland, rien que pour moi, et ces nibards, et ces hanches, et ces fesses, tout ça, tout ce sexe, tout ce sexe, plein la boîte, plein la turne, plein ton falzar, cochon, tu triques comme un malade, c'est Babylone, c'est Byzance, c'est le Crazy Horse ! Et des guibolles, putain de ta mère, je t'ai dit les guibolles ? Qui montent, qui montent, tout droit jusqu'au ciel, tu les escalades sans respirer, et alors ces cuisses, tout là-haut, ces cuisses, oh maman ! Et ce ventre, ce petit ventre rond dur pointu projeté en avant, reins creusés, l'étoffe collée au nombril, salopes, salopes, salopes ! Et ces loques ! Ces bouts de chiffon des Mille et Une Nuits, qui te montrent tout mieux qu'à poil, te le magnifient, te le transfigurent... Tu ne vois pas la touffe, mieux : tu la devines, centrale, triomphale, obsédante...

Elles marchent comme des reines, des reines de Saba, pas celle d'Angleterre ! Tanguent des hanches, roulent du prose. Les nibards ne se contentent pas de pointer le nez, ils se balancent au grand air, chacun pour soi, mignons comme tout. De toutes les couleurs, les gueuses sublimes : de la noire, crépue ou lisse, de la jaune, de la rouquine dont l'odeur sauvage perce l'écran... Le choix, quoi, comme chez Madame Claude. Sauf que tes glandes près d'exploser, tu les videras dans Bobonne, tout à l'heure.

Tout ça, ce stupre somptueux, pour, apparemment, présenter des sapes. Les loques du prochain printemps. Là, je me demande. Qui va porter ça ? Les filles Monaco ? Les harems des caïds du pétrole ? À ton avis ? En tout cas, de ces sapes-là, j'en vois jamais dans le métro. Même pas sur les trottoirs des quartiers riches. Même pas sur les dadames de nos édiles à corruption. Le fric de la corruption, c'est pour se payer des pavillons de banlieue à trois cents briques, pas pour mettre de la poésie autour du casse-croûte conjugal. Pour Madame Président, strict tailleur Chanel d'hôtesse de l'air, le peuple est sot, il ne voterait pas pour un sale con qui s'enverrait une déesse légitime. Ah, il est loin, le temps où la femme de l'empereur s'appelait Messaline et où la plèbe hurlait d'enthousiasme quand elle trônait, tous appas à l'air, au côté de son tyran épanoui ! En notre ère puritaine, un mari qui fait dans la politique ou les affaires, ça ne peut pas exhiber une pute sapée en pute. Même un Tapie n'oserait pas. Ça en entretient une, bien sûr, mais dans une relative clandestinité, ce qui exclut les sacs géniaux de Paco Rabanne et consorts. Le fric qu'ils nous fauchent, les honorables crapules, ce n'est pas pour l'enfouir dans un trou sans fond avec du poil parfumé autour. Ils sont trop riquiqui, trop compte-ses-sous. Ils investissent dans du sûr, comme un gagne-petit qui arrondit sa future retraite. Alors ils fauchent pour le Parti (un peu, alibi noble) et (beaucoup) pour le, comme je vous disais, pavillon de banlieue sur la Côte avec plage privée, piscine à vagues et chris-craft à ski nautique. Minables !

Alors, dites-moi, Paco Rabanne, Saint Laurent et les autres, ils les dessinent pour qui, leurs merveilles à réveiller les virilités chancelantes ? Hmm ? Moi je dirais, mais peut-être que je déconne : pour la télé. C'est-à-dire pour toi, pour moi, qui n'achèterons pas. Pour le prestige du nom. Pour le ça-c'est-Paris. Pour laisser un souvenir ébloui à Bobonne à qui son cadre habituellement fatigué aura livré à domicile et sur-le-champ une tringlée mahousse, à la cosaque, si ça se trouve devant les enfants. Du coup, la voilà émue en sympathie. Le réflexe conditionné jouera, elle achètera tout ce qui porte la griffe prestigieuse, et il y en a, de la pacotille ! Parfum, foulards, eaux de toilette, shampooing, cosmétiques, montres, briquets, bijoux fantoches... Enfin, toutes ces menues bricoles qui sont aujourd'hui la vraie raison sociale des maisons de couture.

Vous aimeriez qu'on hissât le débat jusqu'aux sphères de l'universel, je vous connais. Hissons. De là-haut, que constatons-nous ? Nous constatons que l'érotisme conquiert jour après jour de nouveaux domaines. Le cul fait vendre, et partout, et de tout, et je t'emmerde. L'austère et désincarnée haute couture y est venue, elle qui pourtant ne s'adresse qu'aux femmes ! C'est parce qu'on s'est aperçu, avec surprise et ravissement, que l'image euphorisante pour l'esprit, donc stimulante pour l'acte d'achat, est la même pour les deux sexes : une belle fille super-bandante, irradiant le stupre. L'homme y voit ce qu'il désire posséder. La femme y voit ce qu'elle désire être. L'homme est le prédateur, la femme la proie, chacun bien installé dans son rôle. Et tous les raisonnements des féministes se cassent le nez devant cette démonstration pratique : les « créateurs » de la pub savent ce qui fait vendre, ils n'ont pas le droit de se tromper.

Il nous faut terminer par une moralité, ça se fait. Alors, voilà : méprise la pub, petit gars, n'achète pas les merdes qu'elle vante, mais goinfre-toi des cadeaux intéressés qu'elle te fait, la vieille maquerelle. Contempler une femme, c'est la posséder. Plus elle t'en donne à voir, plus tu te régales. Le désir qu'elle éveille, même inassouvi, même sans espoir, c'est déjà du plaisir. Un autre plaisir. Tu ne la niqueras pas ? Ne te prive pas de la lécher. Tu ne la lécheras pas ? Ne te prive pas de la regarder. L'état d'excitation sexuelle est en soi un accomplissement. De toute façon, on ne peut pas les baiser toutes. Mais les désirer, ça, on peut.

Taslima, je t'aime !

Pour Rushdie, on savait. Le tarif. Un gros chiffre. Je ne me rappelle plus combien de zéros – moi, vous savez, les détails... –, mais beaucoup. Et le double, ou le triple, peut-être bien, si un Iranien pur jus faisait le boulot, ce qui, soit dit en passant, inciterait à penser que les ayatollahs n'ont pas une confiance aveugle en l'enthousiasme militant de leur propre peuple. Pour Taslima, on n'a pas donné de chiffre. Ou alors c'était juste au moment où je m'étais tourné pour éternuer, pas saloper l'écran, on a du savoir-vivre.

Ah oui, au fait, c'est pour ça que, la semaine passée, vous fûtes privés de mon hebdomadaire tartine : je gisais, terrassé, à l'endroit même où m'avait frappé le mal, la bronchite aux joues vertes, infâme salope qui te saute dedans par la bouche, par les narines, par n'importe quel trou, et puis te secoue de l'intérieur jusqu'à ce que tu ne sois plus que toux, toux sèche, toux grasse, toux douloureuse et dégueulasse... Bref, ça va mieux, tout juste mieux, merci de vous être inquiétés, vous êtes de bons petits, je sais maintenant que vous pleurerez quand je passerai de l'autre côté, au moins d'un œil. Je chancelle encore et dans mon pauvre crâne clapotent des viscosités poisseuses, mes neurones exténués, noyés dans la bouillasse, se cherchent du bout des doigts et ont bien du mal à établir la communication. Alors, hein, un peu d'indulgence : c'est de l'héroïsme, ce que vous lisez là.

Du passage de Taslima en France, Charb nous a dit ce qu'il y avait à en dire et que personne d'autre ne nous avait dit, on se demande bien pourquoi. Bravo, Charb, c'est justement la raison d'être de *Charlie Hebdo* : non pas faire chorus avec les médias, mais se demander pourquoi les médias nous montrent ÇA, et pourquoi COMME ÇA.

J'ai vu, nous avons tous vu, le pathétique sourire de Taslima Nasreen (pourquoi pas « Nasrine » ? On est en France, merde, pourquoi la transcription des noms exotiques doit-elle toujours passer par la graphie anglaise ? Allez, à partir de tout de suite, j'écris « Nasrine », zou !), le, donc, pathétique et crispé sourire de la petite Taslima Nasrine (*Yankee go home !*), nous (nous, lecteurs de *Charlie H*, c'est-à-dire pas les veaux tout-venant que flétrit Charb) avons été émus aux larmes devant la résolution de cette petite bonne femme toute ronde toute mignonne qu'à chaque seconde une rafale ou une grenade pouvait déchiqueter, là, sous nos yeux, nous l'avons entendue dénoncer, de sa voix sage et résolue, ce que recouvre l'intégrisme musulman, ce « retour » à une crasseuse ignorance, à un abaissement de la femme, à une soumission totale à l'autorité religieuse, qui ne furent d'ailleurs jamais le fait de l'islam. Nous l'avons entendue s'affirmer athée dans cette France où une minorité de plus en plus active rêve de réintroduire les mêmes valeurs « sacrées » – ou leurs cousines germaines – que les barbus aux yeux fous sont en train d'imposer à tout l'univers musulman... Athée ! Le plus haut blasphème. La négation du besoin d'« autre chose ». L'inadmissible suprême. Cela ne contribue certes pas à son image de marque, par ici. On veut bien s'attendrir sur la protestataire sacrifiée, sur celle qui dénonce les excès des exploiteurs de la foi, mais qui le fait au nom de la foi même. On s'attend à ce qu'elle crie « À bas les mauvais curés ! » Elle crie : « À bas tous les curés ! » Du point de vue marketing, pas bon, ça, Coco. On l'oubliera dès la semaine prochaine. À moins qu'elle ne se fasse effectivement buter, ça, oui, ça relancerait le bazar. Et si on avait le pot que ça se passe devant une caméra, dis donc... Enfin, faut pas rêver, la caméra sera américaine, la chaîne aussi, et le copyright, l'assassin, tu penses, touchera des deux côtés, c'est-à-dire sa famille, parce que lui, il aura été aussi sec haché menu par les guignols de la protection rapprochée, c'est ça qui étoffera le scoop si la deuxième caméra réussit à le mettre dans le champ !

La liberté de conscience, quoi, c'est bons curés contre mauvais curés, protestants contre catholiques, chiites contre sunnites, Irlandais contre anglicans, Serbes orthodoxes contre Croates catho et Bosniaques musulmans... Là, oui, on vibre. On choisit son camp. Mais athée ! Ça fausse le jeu. C'est de la triche. On n'irait pas, bien sûr, jusqu'à gueuler « À bas l'athée ! » à une frêle fille qui se trouve, ne l'oublions pas, au bout d'une ligne de mire, mais ne nous demandez pas d'aller au-delà d'une compassion mesurée, légèrement admirative, mais, hein, après tout, elle l'a bien cherché, ce qui lui arrive, enfin, quoi ! Athée... Je vous demande un peu. Salope, va ! Oh, pardon, j'ai dû parler tout haut, ça m'a échappé.

Au bout de tout ça, quoi qu'il en soit, on arrive toujours à la même effarante constatation, à savoir que la clique qui détient le pouvoir dans un État peut non seulement, à l'intérieur des frontières de cet État, proscrire, emprisonner, torturer, tuer, imposer une religion unique et supprimer toutes libertés, mais même lancer un ordre de mort exécutoire partout dans le monde sans encourir la moindre mise en accusation, puisque la juridiction adéquate n'existe pas. Elle n'existe pas parce qu'on n'a jamais voulu la faire exister. Aucun État n'est prêt à céder une partie de sa souveraineté au profit d'une autorité supranationale. Oui. Je rabâche. C'est, diras-tu, mon dada. Mais est-ce ma faute si tout, à tout instant, nous y ramène ? Voyez cette misérable O.N.U., tout aussi impuissante, tout aussi ridicule que le fut, en son temps, la misérable S.D.N. ! Une guerre éclate en Yougoslavie. Une O.N.U. telle qu'elle eût dû être aurait, dans sa charte, un principe absolu, incontournable : aucun conflit ne justifie l'emploi de la force. Quiconque viole ce principe encourt l'intervention immédiate de la force de police supranationale... Oui, je rêve. Mais ceux qui ne rêvent pas font que ce qui se passe en Bosnie a pu se passer. Et aussi ce qui se passe au Ruanda, en Irlande, en Tchétchénie, en Haïti... Que Rushdie et Taslima sont impunément livrés à la haine des fanatiques... Que... Que... Cette planète que l'aube du XXe siècle aurait dû voir en bonne voie d'unification est, au contraire, en voie de désagrégation, d'éparpillement en minuscules nations hargneuses, cupides, haineuses, où le chauvinisme, le racisme, le fanatisme et toutes les saletés possibles en « isme » grouillent et prospèrent pour le plus grand profit des marchands de mort subite...

Une fois de plus je vais vous ressortir mon petit paradoxe (nullement paradoxal, d'ailleurs) :

Si ce con de Hitler n'avait pas fait la bêtise de perdre la guerre, il aurait pu tranquillement continuer à liquider ses Juifs, ses Tziganes, ses handicapés physiques et mentaux, ses pédés, ses opposants politiques... Les nazis n'ont pas été condamnés pour leurs crimes, mais pour avoir perdu la guerre. S'ils ne l'avaient pas perdue, si, par exemple, une paix de compromis avait été conclue, il n'y aurait pas eu de tribunal de Nuremberg. Tout le reste n'est que propagande. Seul le vaincu commet des crimes de guerre. Méditez là-dessus.

Ne rêvons pas. Ne rêvons plus. L'Europe « unie » entre guillemets ne sera pas l'amorce d'un monde uni. Elle ne sera même pas fédérale. Elle ne le veut pas. Tout juste une coalition d'hommes d'affaires qui ont provisoirement intérêt à cette union. Elle se défera dès qu'il y aura davantage d'intérêt à ce qu'elle se défasse... La planète, dans son ensemble, retourne à grande vitesse à un état de morcellement, donc de barbarie, comparable à celui qui suivit, en Europe, la chute de l'Empire romain. Tout se met en place pour les brutes des féodalités à venir : fanatismes, regain des « valeurs » et des « traditions », ignorance, et, surtout, surtout, surpopulation galopante encouragée chez les plus misérables par les autorités « spirituelles »... J'étais parti pour vous parler de la petite Taslima, je me serai encore perdu en route ! C'est la fièvre.

Elle avait tout compris !

Nous étions l'autre soir quelques-uns, petit quarteron perdu de rationalistes à tout crin, à essayer de jeter quelques pavés dans la mare croupissante mais, hélas, triomphante d'un épais bataillon de « voyants » soutenus par un public éperdument désireux de croire à n'importe quoi pourvu que ce soit « irrationnel », mystérieux, consolateur et excitant pour les imaginations débiles. Nous fîmes ce que nous pûmes, et le fîmes de notre mieux.

Le lendemain, une dame, charmante, ma foi, m'aborda chez le Félix Potin du coin où, tel le chasseur préhistorique, je traquais ma pitance quotidienne, accroupi devant le rayon exagérément surbaissé des soupes en sachet et boîtes de thon sauce escabèche.

– Monsieur, s'écria tout de go cette enthousiaste autant qu'ensorcelante créature, c'est vous ? C'est bien vous ?

Ne voyant nulle nécessité à l'induire en erreur, je confirmai, d'un air à tout hasard réservé, sans affectation toutefois :

– J'ai toujours été moi, madame, et je pense l'être

encore... Pour vous servir, ajoutai-je, pas fâché de faire parade de mon éducation d'avant-guerre.

– Monsieur, enchaîna-t-elle, il faut que je vous embrasse !

Ce qu'elle fit. Une bouffée d'un parfum peut-être coûteux jaillit de son corsage. Je regrettai de ne m'être pas rasé, c'était un de ces jours de solitude farouche. De minuscules points rouges piquetèrent la peau délicate de ses joues. Ne nourrissant guère d'illusions sur la fulgurance de ma séduction, je présumai que sa prochaine réplique m'éclairerait quant à la source de cette explosive démonstration d'affection. J'attendis donc. Je ne fus pas déçu.

– Monsieur, dit-elle – et comme ses yeux brillaient ! –, vous fûtes la nuit dernière admirable et bien courageux.

Ah, ah... C'était donc cela. Je choisis parmi mes airs modestes le plus faux jeton de tous.

– Oh, vous savez..., dis-je, les yeux baissés et avec points de suspension.

– Si, si, insista-t-elle. Ces pseudo-voyants et tous les marchands d'avenir sont de dangereux salopards, des escrocs sans pitié qui profitent de la détresse et du malheur, exploitent les âmes faibles ou solitaires, ruinent les pauvres gens, abêtissent le peuple et le détournent de penser juste. On ne les combattra jamais assez ! C'est pourquoi je tiens à vous exprimer mon complet accord avec votre révolte. Hélas, vous êtes si peu, parmi ceux qui ont accès aux médias, à oser vous battre contre ces monstres ! Il est tellement plus facile, et plus profitable, aussi, de hurler avec les loups, de flatter le bon peuple ignorant dans le sens du poil, de publier des horoscopes et de chanter la gloire des tordeurs de petites cuillères à distance, des charmeurs de fantômes ou des liseurs de pensée à travers les murs ! Bravo, monsieur, bravo, et continuez !

Je buvais du petit lait, tu penses. Mes boîtes de soupe instantanée à la main, j'étirais le sourire le plus niais que je puisse, et je peux beaucoup. La dame eût dû s'en tenir là. Ma journée était ensoleillée, je n'avais pas vécu en vain, tout ça tout ça... Pourquoi fallut-il qu'elle poursuivît ? Elle poursuivit :

– Ah, monsieur, tout cela – vous ne pouvez qu'en tomber d'accord avec moi, j'en suis sûre –, tout cela vient de ce qu'ils ont perdu le sens des vraies valeurs.

Je haussai un sourcil déjà inquiet.

– C'est parce qu'ils se sont éloignés de Dieu, voyez-vous, qu'ils se réfugient dans ces fariboles imbéciles mais fascinantes. Quand on oublie la religion, on est perdu. Dieu est l'explication de tout, la consolation universelle. Sans Dieu, le monde est incompréhensible, cruel, sans but. Sans Dieu, la créature est livrée à la terreur et à l'angoisse, cette vie lui semble absurde et cruelle, la voilà désemparée, proie toute prête pour les marchands de mensonges qui savent exploiter son désarroi. Enfin, monsieur, puisque l'homme a besoin, fondamentalement besoin de croire, qu'il croie donc en la vérité, c'est-à-dire en Dieu !

J'ouvrais la bouche pour répondre quelque chose, à vrai dire je ne savais trop quoi, le dialogue s'était égaré dans la voie semée d'embûches du quiproquo, et puis je ne me sentais pas en mesure de soutenir un débat théologique dans cette allée encaissée entre les soupes en sachet et les chocolats fourrés en promotion, tristes laissés-pour-compte des orgies des fêtes, mais la dame me colla derechef deux gros bisous parfumés là où ça se colle et s'enfuit en s'excusant :

– Je vous laisse ! Je suis presque en retard. J'ai rendez-vous avec mon directeur de conscience pour une neuvaine. Heureusement, c'est tout près : Saint-Nicolas-du-Chardonnet. À bientôt ! Et encore bravo !

Il y a des bravos qui font plus mal que des huées... Pourquoi ne s'est-elle pas arrêtée à temps, cette conne ? J'aurais du moins l'illusion... Oh, et puis, son parfum puait le déodorant pour chiottes, na !

Sonnez hautbois ! Baisez en levrette !

Noël. Programme. Ça commence. Messe de minuit. La chorale du patronage chante « Il est né, le divin enfant ». *Ite missa est.* On se rentre. La dinde sourit, comme le divin enfant, mais sur un lit de marrons. On n'attendra pas Pâques pour la sacrifier, celle-là. Jouez couteaux, résonnez fourchettes ! Claquez mâchoires. Dessert. On n'en peut plus. Oh, mais, il y a la bûche. Pas le droit de refuser la bûche, hé là ! Tradition sacrée. Heureusement, c'est l'heure du champagne, ça aide à faire descendre. On rote. On force les gosses à chanter « Dou-ou-ce nuit... ». Eux préféreraient du rock sur la hi-fi. Pas question. C'est leur fête à eux, merde ! Et hop, au lit, la marmaille. Enfin entre soi. On peut se raconter les blagues sales qu'on a notées aux « Grosses Têtes » et qu'on a apprises par cœur, avec les gestes et l'accent de Carlos ou de l'autre gros chauve, là. Bien sûr, tout le monde les connaît et raconte la fin dès les premiers mots, mais c'est pour l'ambiance. Ça frôle le cul, ça entre même carrément dedans, les dames ne se donnent plus la peine d'essayer de rougir, fini l'hypocrisie, c'est l'égalité, qu'est-ce qu'on se marre... Enfin, on s'arrache quand ça menace de tourner partouze, il y en a toujours qui ne savent pas jusqu'où on peut aller trop loin, et chacun va se finir dans sa chacunière, après avoir – surtout ne pas oublier ! – fourré les cadeaux dans les souliers que les chers petits ont gentiment rangés devant la cheminée. Quand je dis « fourré », c'est « entassé » que je devrais écrire, les emballages sont là pour faire volume. En passant, pouvez-vous me dire où les petits enfants qui habitent un appartement sans cheminée placent leurs souliers ? Devant le radiateur ? Et ils croient vraiment que le Père Noël (ou le petit Jésus s'ils appartiennent à une famille cul-bénite sans concessions) descend par ces petits tuyaux ?... Vous me direz que leurs parents croient bien à des choses encore plus incroyables... Passons. Nous ne sommes pas là pour faire de l'anticléricalisme désuet, surtout un jour comme aujourd'hui. Donc, au lit. Le muscadet d'avec les huîtres, le bourgogne d'avec la dinde, le champagne d'avec la bûche et la prunelle d'avec les histoires de cul portent au sentiment. On n'est pas des bêtes. Paix sur la terre aux hommes de bonne volonté, et par ici, Germaine ! Là, attention.

Le pape, dans son infinie bonté, a prévu le coup. Pas plus tard qu'avant-hier, redoutant que, dans l'enthousiasme où les porte la venue tant attendue de l'enfant-dieu, les chrétiens ne se laissent aller à des pratiques amoureuses dont ils pourraient avoir à rougir en y repensant plus tard, Sa Sainteté s'est dépêchée de rédiger un cours d'éducation sexuelle puérile et honnête. Ainsi, Noël sera lubrique, peut-être, mais canoniquement.

Rien de bien nouveau, certes, le Saint-Père a depuis longtemps fixé les règles du Kama-Soutra chrétien. Cependant, en ce document rédigé d'extrême urgence, il entre dans les détails. Pas question, par exemple, de se livrer à l'accouplement hors de l'orifice que Dieu a clairement consacré à la chose en lui donnant ostensiblement la forme de cette élégante ogive gothique qui distingue nos églises et cathédrales des établissements de bains-douches. Nous voyons également réitérée la malédiction jetée sur quiconque prétendrait pratiquer le coït tout en cherchant à en éviter cette conséquence fâcheuse que serait la survenue d'un troisième larron : Monseigneur Fœtus. Quoique... Reste permise la méthode dite « naturelle » de contraception. Ce qui est d'une tartufferie à se mettre à genoux devant. Qu'est-ce, en effet, que cette méthode « naturelle » ? Eh bien, elle consiste à garder un calendrier sous le traversin et à pointer les jours où Madame n'est, en principe, pas fécondable. Vous l'aurez compris, il importe de viser avec soin, et de toute façon on se fait avoir tôt ou tard (c'est d'ailleurs bien pourquoi le pape permet...), mais là n'est pas la question. La question est : le baiseur au calendrier entre les dents a bel et bien l'intention de tirer son coup en évitant de faire l'enfant. Naturelle ou pas, ce n'est pas la méthode qui compte, c'est l'intention. Qu'est-ce qu'une méthode « non naturelle » ? La pilule, parce que c'est de la chimie ? Le chrétien peut donc baiser Dieu en faufilant son zigouigoui farceur dans les interstices propices du cycle menstruel, mais pas en modifiant ce cycle par une pharmacopée impie ? La pilule est tout aussi naturelle que n'importe quelle substance existant dans l'Univers, fabriquée ou non par l'homme. L'homme, son intelligence et ses mains ne sont-ils pas « naturels » ? Le nid que façonne l'oiseau serait « naturel », mais les objets sortis des mains et du cerveau de l'homme ne le seraient pas ? Allons, allons, c'est jouer sur les mots et prendre les gens pour des cons... Quant à la capote, autre abomination vomie par le despote tiaré, en quoi est-elle moins « naturelle » que la méthode Ogino ? La vérité est que le pape, cramponné à la lettre de l'Évangile (un Évangile qui n'est que le résultat de tripatouillages de circonstance aux temps de l'élaboration de la doctrine et de la prise du pouvoir), se fout expressément des conséquences. Dieu n'aurait-il pas dit (vas-y voir !) : « Croissez et multipliez » ? C'était, il est vrai, lorsque la Terre n'était, s'il faut en croire le Livre, peuplée que de deux personnes... Le pape, fanatique borné mais rusé manœuvrier, n'a cure (si j'ose dire) que la Terre devienne invivable, que la misère, l'ignorance, le désespoir et le banditisme aillent galopant, que le grand régulateur des problèmes démographiques, la guerre, ensanglante fatalement la planète... Le pape s'en tamponne. Ses curés, ses évêques, béniront les armées, et peut-être au bout de tout ça une croisade victorieuse replantera-t-elle la croix du Christ-roi là où règnent provisoirement d'arrogants croissants et d'autres symboles impies.

L'éducation sexuelle des enfants – des grands enfants ! – doit être claire, mais surtout pas érotique, dit-il plus loin. Donc, parents, en cette nuit sacrée de Noël, veillez à ce que les enfants n'assistent pas à vos ébats, même si c'est pour leur mettre en route un petit frère pour Noël prochain. Parlez-leur des fleurs, mais gardez-vous bien d'évoquer le long machin du grain de pollen pénétrant dans le pistil et s'enfonçant dans le tube à la rencontre de l'ovule. Rien que d'écrire ça, je suis dans un état !

Cette obstination à régir les choses d'en dessous de la ceinture donne à penser. Si Jean-Paul n'était pas pape, on le classerait parmi les obsédés à surveiller de près. On ne lui confierait certes pas d'enfants à éduquer. La chose est d'autant plus curieuse que les péchés de la chair ne sont pas d'une telle gravité, selon le tarif chrétien catholique. On le voit bien quand il s'agit de prêtres ayant failli à leur vœu de chasteté... Le pape est-il sponsorisé par les fabricants de couches-culottes... et par les fabricants d'armes ?

Gonzesses,
Soyez fières de l'être

Bayrou qui picore des frites dans un collège à racketteurs en herbe, Balladur qui promène son costard-taille mince dans les profondeurs rurales, Chirac et sa bobonne suçant la pomme aux cousins d'Amérique devant une fanfare de déguisés en La Fayette de mardi gras... Ça t'intéresse, vraiment ? Tiens, à propos de Chirac. Pourquoi se peigne-t-il de cette façon répugnante ? Trois poils tristes tracés à la pointe Bic sur son triste caillou... Ferait mieux de se laisser tondre rasibus, ça ferait moins sale. S'il devait faire la manche, le cul sur le trottoir, la seule vue de son vilain crâne découragerait l'âme charitable qui courrait vomir un peu plus loin. Pourquoi, mais pourquoi les hommes qui font dans la politique se croient-ils obligés d'adopter cette coupe de cheveux que ma maman, qui avait connu la guerre de Quatorze, appelait « à l'embusqué » ? Tifs tirés en arrière, plaqués au crâne en ventre de mandoline... Une mode « Arts déco » disparue depuis les années 20, sauf chez les aspirants hommes d'État où elle est restée plus que jamais obligatoire. C'est pourquoi, vous ferai-je remarquer en passant, le petit Jospin tout bouclé n'a aucune chance chez nous... Passons.

Les hommes politiques sont laids, la politique est morne. Et moi j'aimerais causer d'autre chose. De femmes, par exemple. Oh, oui ! Oh, oui !

Il y a quelques mois, souvenez-vous, nous avions touché un copieux arrivage de dames ministres. De ministresses, donc. Entre-temps, elles furent renvoyées, presque toutes, à leurs travaux d'aiguille. N'empêche, il en reste une ou deux, de ces ministresses. Ah, non ! Quoi ? Fi, le vilain mot ! Et d'abord, il contient une perfide intention minimisante. « Ministresse », ça fait petite chose fragile, ça fait pas vraiment vrai, ça porte au sourire protecteur. Et pourquoi donc ? Parce que c'est féminin. Eh, mais, justement ! Accéder au gouvernement du pays n'est-il pas une des plus éclatantes conquêtes du féminisme ? Il faut marquer le coup, planter fièrement le drapeau ! S'affirmer ministresse avec panache, avec arrogance ! Oui, ben, va dire ça à une dame ministresse... Elles exigent d'être « Madame le Ministre » gros comme ces fesses somptueuses qu'elles espèrent cacher derrière la masculinité du titre. Quel aveu !

Elles ont conquis de haute lutte l'égalité avec les mâles, et tout le premier je m'en réjouis, mais en même temps elles ont comme honte de féminiser les mots qui marquent cette accession à l'égalité dans la fonction... Faudrait savoir.

J'ai en tête ces innombrables procès devant la fameuse 17e chambre du tribunal correctionnel où, accusés, mes copains et moi-même devions nous adresser en ces termes à Mme Rozès, qui présidait : « Madame le Président,... » Grotesque. J'avoue n'avoir pas eu le réflexe de dire carrément « Madame la Présidente ». Il faut dire qu'on n'est pas très à l'aise, dans ces circonstances.

Mais, objecte celui qui lève le doigt, l'usage veut que la présidente soit l'épouse du président. Ce mot, mis au féminin, marque la dépendance. Il est comme la laisse du toutou... Eh bien, changeons l'usage !

La reine est la femelle du roi, et ne règne pas. Généralement. Mais il arrive qu'elle règne. En tant que régente, par exemple. En tant qu'Anglaise, autre exemple. Elle n'en reste pas moins « la Reine », au féminin, et ne s'en estime pas humiliée pour autant. Elizabeth d'Angleterre, pas plus qu'en leur temps Blanche de Castille ou Catherine de Médicis, n'éprouve le besoin de se faire désigner comme « Sa Majesté le Roi ». Elle ne ressent nulle honte à ne pas trimbaler entre les cuisses un braquemart plus ou moins en état de marche flanqué de ses accessoires. J'oserai même suggérer qu'elle goûte une noble satisfaction à voir ces foules vibrantes acclamer les poils gris de son auguste fente... Et là où la reine donne l'exemple, la ministresse peut suivre sans déchoir.

Mesdames, affirmez-vous femelles ! Fièrement ! Glorieusement ! Ne singez pas les mâles. En mettant vos titres au masculin, vous trahissez je ne sais quelle adhésion secrète au mythe de la supériorité du mâle. Quoi de plus vaseux, de plus chèvre-chou, de plus faux cul que ces « femme peintre », « madame le chef de service », « madame le docteur »... ? « Peintresse » vous resterait en travers du gosier ? « Cheffesse » prêterait aux rires gras ? « Doctoresse » vous fait pisser dans votre petite culotte ? Eh bien, inventez ! Les avocates semblent s'accommoder sans trop de tourments de leur féminin, il est seyant. Les pharmaciennes, les boulangères, les écuyères... se portent bien. Les écrivaines, par contre, renâclent. Elles veulent être des « écrivains ». Ou des « auteurs ». Ou des « poètes » (pourtant, là, « poétesse » fut d'un usage courant jusqu'à il y a peu). Tout le monde ne peut pas choisir un métier hermaphrodite, comme « architecte » ou « urbaniste », lesquels, évidemment, résolvent la difficulté en la supprimant.

Ce féminisme militant qui, à force de dénigrer les mâles, en vient à les singer, a conduit à cette absurdité dans la flagornerie par quoi débute tout discours politique :

« – Françaises, Français... »

C'est de Gaulle, je crois, qui a inauguré le truc. Mais pourquoi pas, tout simplement, « Français » ? Les « Français », c'est tout le monde. Tout le peuple de France, sans distinction de sexe, d'âge ou de ce que tu voudras... Encore un méfait de la dignité mal comprise ! Les citoyennes seraient-elles vraiment humiliées si on ne les sortait pas du lot ? Vont-elles se mettre à exiger que la différence soit marquée dans toutes les circonstances ? Par exemple, dans l'hymne national :

« Aux armes, citoyennes et citoyens ! »

Dans l'Histoire :

« Autrefois, la France s'appelait la Gaule, ses habitantes et ses habitants étaient les Gauloises et les Gaulois... »

Dans les faits divers :

« Le tremblement de terre a tué deux mille femmes et hommes et laissé vingt mille citadines et citadins sans abri... »

Et surtout – elles y tiennent ! – toujours citer le féminin avant le masculin. Égales, d'accord, mais galanterie pas morte.

– Pourrais-tu aimer une femme-flic ?

– Quelle horreur !

– Et une mignonne petite fliquesse ?

– Ah, là, hé hé...

– Tu vois à quoi tient ta conscience de classe ?

Ce sera tout pour aujourd'hui.

La femme au berceau, l'homme au bistrot

Organiser une « Journée de la femme » est la plus cynique façon de reconnaître que, en dépit des proclamations hypocrites de la quasi-unanimité des Constitutions des nations du monde, la femme est un sujet de compassion et, si possible, de charité, à l'instar des sclérosés en plaques, des myopathes, des cancéreux, des orphelins de guerre, des S.D.F., des enfants martyrs, des bébés phoques...

Elle n'a d'ailleurs pas fait recette, cette Journée de la femme. Pour le petit commerce, rien à voir avec la Fête des mères, qui, elle, réussit à forcer l'achat en faisant vibrer le cordon ombilical. Cette année, cependant, une voix s'est élevée, balayant dans les épluchures les vœux pieux et autres palinodies qui n'engagent à rien. Taslima Nasreen, la cible vivante des fous de dieu, a dit ce qu'il fallait dire, l'a dit haut et clair, sans avoir la trouille de vexer les bien-pensants. Foin des précautions oratoires et des omissions courtoises :

« L'esprit religieux est l'obstacle le plus grave à la construction d'une société où la femme ait la possibilité de vivre, au plein sens du terme. »

Elle l'a assené calmement dans tous les médias où elle a pu avoir accès. J'ai sous les yeux son texte complet, paru dans *Le Monde* du 8 mars. Tout y est, dans une véhémente flambée d'indignation, avec une terrible efficacité dans la démonstration. La vérité servie par la méthode, le talent et la passion...

Le 8 mars, donc, Journée de la femme. Le 14 mars, offensive contre la femme. C'est ce jour-là que sera discuté à l'Assemblée un amendement visant par la bande à grignoter la loi Veil sur le droit à l'interruption volontaire de grossesse.

De quoi s'agit-il ? De donner la possibilité à « toute association dont l'objet statutaire comporte la défense et la promotion du droit à la vie » de se porter partie civile en ce qui concerne les « abus » du droit à l'avortement.

Ces « abus », quels sont-ils ? Tout simplement les timidités de la loi Veil, loi obtenue à l'arraché, au prix de concessions et de restrictions qui, si elles n'ôtaient rien à l'essentiel de la loi, en faisaient une loi honteuse, furtive, et entourée de chausse-trapes perfides.

Exemple de chausse-trape : l'interruption volontaire de grossesse est entièrement libre (dans certaines limites de temps, tout de même !) mais il est strictement interdit de se livrer en sa faveur à « toute incitation, provocation, propagande ou publicité » ! Cela signifie que la copine qui dit à la copine « Fais-le sauter, c'est parfaitement légal, si si, je t'assure, tu peux te renseigner, il y a un service pour ça dans les hôpitaux », eh bien, la copine qui dit ça est coupable des délits d'incitation, provocation, propagande et publicité ! Tous les quatre d'un coup, parfaitement.

« Nul n'est censé ignorer la loi » est la notion de base de notre justice. Eh bien, voici une loi, qui figure en bonne place dans le Code, mais que personne n'a le droit de citer ! Si l'amendement est voté, une quelconque association de « Droit à la vie » ou d'autres allumés fanatiques pourra porter plainte contre le

Code, se porter partie civile et exiger que les articles concernant cette loi soient effacés !

Où s'arrête l'information, où commencent la propagande, l'incitation, la provocation ? Voilà ce que c'est que de faire des lois chèvre-chou, de céder sur des points apparemment mineurs mais dont l'intention va à l'encontre du dessein de la loi ! Pour obtenir l'essentiel, on concède des trous par où l'ennemi se faufilera. C'est bien ce qu'il fait !

Les magistrats, après avoir trop longtemps fermé les yeux sur les actions des commandos à chapelets envahissant les hôpitaux, se sont décidés à sévir. Oh, pas bien sévèrement ! Les fachos ensoutanés cherchent d'autres moyens de saper la loi : ils attaquent sur le front de la légalité-avec-restrictions.

On a l'impression que les législateurs eux-mêmes n'ont pas une juste notion de ce qu'est la loi. Que penser, par exemple, de cette loi Neiertz, votée il y a trois ans, créant le délit « d'entrave à l'interruption de grossesse », justement pour lutter contre les commandos à chapelets ? Pourquoi une loi spéciale ? S'opposer à l'application d'une loi existante est un délit. Le Code pénal définit le vol, en précise les catégories et les punitions. Est-il besoin de créer une loi fondant le délit « d'opposition aux lois sur le vol » ? Il existe des lois définissant l'atteinte à l'ordre public, l'entrave à la liberté du travail, et même l'homicide par imprudence, pour le cas où un malade mourrait parce que le médecin serait bloqué dans le couloir.

La loi Neiertz a permis aux magistrats de sévir. C'est une loi de circonstance, une loi utile. Mais elle classe les délinquants dans une catégorie à part. Ce ne sont pas vraiment des voyous, n'est-ce pas, simplement des fidèles un peu excessifs. Il faut pour eux concocter une petite loi gentille qui permette de les sanctionner sans excès, entre gens du monde, en somme. Car là gît le lièvre : les enragés du lapinisme (oh, pardon !) à chapelets sont des cathos (infiltrés et même manipulés F.N., mais passons), les juges font partie des gens « bien », donc sont eux aussi des cathos. Vive la liberté de conscience, mais, dans ce cas, elle mène à ceci : un juge de bonne famille, élevé chrétiennement, plus que certainement dans un établissement religieux catholique, a-t-il moralement le droit de présider un tribunal chargé de juger une affaire portant, au fond, sur la foi d'accusés catholiques militants ? Prends ça par le bout que tu voudras, ce magistrat est à la fois juge et partie... En Iran, les athées sont jugés par des mollahs. Mais l'Iran ne prétend pas pratiquer la liberté de conscience ! Ni même la liberté tout court...

Si l'amendement Boutin-Beaumont passe, ce sera le premier coup de boutoir porté à la loi Veil. Pas seulement une victoire de l'intégrisme catho, mais aussi, mais surtout, de l'extrême droite fascisante qui tire les ficelles. Cela démontrera en sus que la majorité actuelle, qui mesure parfaitement toutes ces implications, prépare sciemment, par trouille ou par calcul l'avènement du Front national.

8 mars :
Journée de la Truite !

8 mars. Journée de la Femme. Faut que tu offres quelque chose à la mère de tes enfants, mon gars. Obligatoire. Sinon, elle va encore chialer en silence, comme elles savent faire, tu sais, avec ce secret ostentatoire et cette dignité reniflante avec quoi elles te sapent le moral et te gonflent la culpabilité. Et puis tu essuieras la vaisselle, au moins celle du petit déj', que tu lui auras porté au lit, cela va sans dire, à moins que tu aies réussi à faire semblant de ronfler malgré la sonnerie du réveille-matin réglé spécialement Journée-de-la-Femme...

Bon. Pour tout un jour, un grand jour de vingt-quatre heures, on les traite en personnes vaguement humaines. Des nègres dont on ferait semblant de ne pas s'apercevoir qu'ils sont noirs, si tu vois... À propos, je me demande comment font les nègres, qui ont des femmes tout à la fois femmes ET négresses. Double travail... Que dis-tu ? On ne dit pas « nègres », on dit « Noirs », et on fait sonner la majuscule, sinon on est un sale con de raciste. Ah, oui ? Et moi je dis que dire « Noir », aggravé de la majuscule, au lieu de « nègre », c'est justement montrer qu'on ne pense qu'à ça, à la différence « humiliante », et qu'on n'a qu'une idée en tête : montrer qu'on a l'esprit large et l'âme généreuse, et qu'on n'oublie jamais de remplacer « nègre » par « Noir », avec sur le devant un beau « N » majuscule comme un nœud papillon. D'ailleurs, je te signale, « Noir » est déjà en train de rejoindre « nègre » dans la poubelle du politiquement incorrect. On dit « Black », désormais, dans les châteaux.

Et moi je t'emmerde, et je dirai « un nègre », comme je dis « un rouquin », « un Auvergnat », « un Juif », « un Rital ». Parce que je les respecte, justement. Parce que je me force pas à faire comme si j'ignorais la différence, et parce que ce n'est pas sur cette différence que se fonde mon jugement sur quiconque. Un nègre peut parfaitement être un sale con, c'est un droit qu'il a comme n'importe qui, et dans ce cas je dirais « Sale con ! ». Pas « Sale nègre ! ».

L'antiracisme ne consiste pas à feindre de ne pas voir que les nègres sont noirs ou que les Chinois ont les yeux bridés, mais bien à ne pas faire de la race un critère de valeur, à ne pas hiérarchiser l'humanité sur des bases aussi illusoires, classification pseudo-scientifique basée sur la haine et la flatterie. Tant que ce seront des Blancs qui proclameront que la « race » blanche est supérieure et chargée de la « mission » de régner sur les autres, ils ne feront qu'administrer la preuve de leur infantilisme et de leur grossier désir de puissance...

Bon. C'est de la femme et de sa journée qu'on était partis pour disserter. D'ailleurs, quand ceci paraîtra, le 8 mars ne sera plus qu'un souvenir lumineux, votre femme sera de nouveau à quatre pattes en train de pousser la serpillière, ravalant ses sanglots et s'efforçant de se persuader que son œil au beurre noir est une preuve d'amour passionné. C'est bête, parce que, si j'y avais pensé à temps, je vous aurais donné une bonne idée de cadeau, pas cher et qui eût fait son petit effet : une canne à pêche. Car, figurez-vous, ce samedi 8 mars dont je ne puis plus parler qu'au passé fut aussi la date sacrée de l'ouverture de la pêche à la truite.

La truite et la femme honorées ! Le même jour ! C'est presque trop. La truite, on l'honore en lui offrant gentiment un appât succulent dans lequel il y a une surprise, et cette surprise est un hameçon qui te vous lui arrache la moitié de la gueule et la tire malicieusement hors de cette onde transparente ainsi qu'aux plus beaux jours, comme se plaît à dire le poète. Les truites ont-elles des poètes ? Excellente plaisanterie, à en juger par le sourire du pêcheur, qui saute sur place, et gambade, et ameute ses copains. Comprenez-moi bien. Je ne suggère nullement que vous présentiez à la mère de vos enfants une succulente friandise dissimulant un hameçon de taille appropriée, mais bien que vous initiiez votre chère épouse aux joies exaltantes de l'assassinat des hôtes innocents des humides profondeurs, l'élevant du même coup à la dignité des prérogatives masculines, ce qui est justement le but proclamé de cette Journée de la Femme et de la Truite.

Il est dans la nature maints sujets d'émerveillement pour l'observateur attentif. Entre autres celui-ci : les femmes, si désireuses – et je les approuve, et je les y aide ! – d'être les égales des mâles superbes en toutes les activités qui ne nécessitent pas l'usage de la force musculaire ou la possession d'un pénis, sont volontiers présentes, arme au poing, aux battues, traques et autres massacres virils groupés sous la dénomination « chasse ». Elles montrent la même habileté à abattre le lièvre ou la biche au bond, le canard ou le faisan à l'envol, que leurs compagnons moustachus. Elles font preuve de la même fermeté d'âme devant le monceau de cadavres artistement disposé en « tableau » et arborent le même gracieux quoique triomphal sourire sur la photo. Elles ne répugnent pas non plus à descendre dans l'arène occire le taureau, ni même à s'engager dans l'armée... Cependant, s'il y a maintes chasseresses, il y a peu de pêcheuses (devrais-je dire « pécheresses » ?), pour ainsi dire aucune. Cette activité, dont la justification est pourtant le meurtre, serait-elle trop tranquille, trop discrète en sang versé, pour les séduire ? Le poisson, animal froid, gluant, furtif et, surtout, muet, n'offre-t-il qu'une mort dépourvue de ce panache du sang projeté en apothéose, du poil, de la plume, de la tripaille éclatant en une gerbe splendide dans le plein soleil ? C'est que la femme, c'est artiste, savez-vous ?

Ou peut-être le manque de sportivité de la pêche à la ligne, amusement pantouflard pour petit vieux à pliant, répugne-t-il à leur pétulance ? Sur ce point, qu'elles sachent que la pêche a bien évolué. Fini le pliant, les espadrilles et le mégot de gitane maïs ! Le pêcheur est un sportif complet, muni d'un équipement terriblement virilisant, et il bouge ! Il n'attend plus que le bouchon plonge : il lance haut et loin le fil étincelant, il tourne, l'œil farouche, les doigts crispés, la manivelle du moulinet, il ruse avec la bête, lutte, se bat, s'acharne... Ah, qu'il est beau ! Là, vraiment, il tue, il sent le goût du meurtre ! Il vainc ! Il se fait photographier, dominant le fauve enfin maîtrisé. Cinq livres ! Pu-tain !

Donc, mesdames, si l'accès aux postes de commande, aux affaires, à la politique, vous est toujours sournoisement barré en dépit de la loi, il est des activités jusqu'ici confisquées par les hommes où vous pouvez les concurrencer, et même les surclasser. Achetez – ou faites-vous offrir – une canne à pêche avec la mécanique qui tourne, une paire de bottes d'égoutier camouflées jungle, un chapeau pour accrocher les hameçons, un étui genre revolver cow-boy pour les asticots et des lunettes spéciales pour voir à travers l'eau...

Dis voir ? Oui. J'ai pas tout compris. Je t'en prie. Tu te fous de la gueule des femmes, là, ou de celle des pêcheurs ? Pourquoi, t'es pêcheur ? Je te le dirai pas, j'aime bien l'humour, mais je veux savoir si c'est du lard ou du cochon. Ben oui, mais justement, c'est ça, l'humour : lard ou cochon ? À la tête du client.

Pédophilie et couches-culottes

Tant qu'il y aura des femmes réduites à une misère noire et sans autre espoir d'en sortir que de vendre leur cul, la prostitution sera florissante, quels que soient les objurgations des moralistes et l'acharnement des moyens de répression. Tant qu'il y aura, de par le monde, des millions d'enfants crevant de faim, la prostitution pédophile aura de beaux jours.

Vous êtes-vous demandé pourquoi, tout à coup, cette profusion, cette explosion d'« affaires » crasseuses révélant au bon peuple, dont je suis, que la sexualité dévoyée vers l'assouvissement sur des gosses était à ce point répandue, j'allais dire « commune » ?

Assistons-nous vraiment à une explosion, à je ne sais quel « effet de mode » suscité par l'énorme retentissement de quelques faits divers sanglants ayant créé une émulation malsaine parmi des déviants sexuels potentiels aux impulsions jusqu'ici soigneusement refoulées et que l'exemple abondamment médiatisé aurait incités à « passer à l'acte » ? Cela signifierait qu'il existe une proportion non négligeable de bonshommes portés sur la chair impubère, ce que tendrait à prouver le nombre effarant des clients des magazines spécialisés.

Le coup d'envoi a été donné par la découverte des

charniers d'enfants violés de Belgique. Depuis, quand un enfant ne rentre pas le soir à la maison à l'heure prévue, on s'attend au pire et, la plupart du temps, on a raison. C'est que, par chez nous, il n'est guère facile d'assouvir une envie de profanation d'innocence enfantine. À moins d'inceste familial, mais tout le monde n'est pas le père comblé d'une marmaille terrorisée ou résignée, et même dans ce cas la chose comporte quelques risques, surtout depuis que les projecteurs de l'actualité sont braqués plein feu sur ces petites fêtes intimes : les épouses, jusqu'ici terrorisées par un chef de famille ayant fait de sa descendance un harem, ou bien, tout simplement, n'osant affronter la honte et la réprobation du voisinage qui, paradoxalement mais, hélas, à tous les coups, enveloppe la mère, le père et toute la famille, coupables et victimes mêlés, dans le même opprobre, les épouses, donc, commencent à oser aller trouver les gendarmes. Les gosses commencent à oser parler à l'assistante sociale.

D'ailleurs, un père de famille soucieux de la bonne morale de ses enfants préférera aller assouvir ses instincts ogresques sur les enfants d'autrui. Les plus déchaînés au-dehors sont souvent les plus stricts en ce qui concerne la conduite de leurs propres filles. Le violeur assassin « bon père de famille » est un cas classique.

« Se faire » un gosse n'est donc pas chose facile, sous nos climats policés. Cela ne peut s'accomplir que sous forme de viol, précédé fatalement d'enlèvement, après séduction orale ou rapt brutal, suivant circonstances.

Et puis, l'irrésistible désir enfin satisfait, vient l'après. C'est-à-dire : que faire du gosse ? Si l'amateur de bonnes joues rondes est organisé et méthodique, il a prévu le déroulement des suites avec une froide détermination. Si c'est un impulsif ayant sauté sur l'occasion, il se trouve devant la même épouvantable obligation, mais lui doit improviser, et improviser en pleine panique. Il salopera le travail, et se fera prendre. Tant pis pour sa gueule. On ne condamne plus à mort, mais, me suis-je laissé dire, la vie en taule est un terrible enfer pour les tueurs d'enfants. Messieurs les braqueurs de banques, les assassins de vieilles dames, les revendeurs de drogue à la sortie des écoles, les tueurs à gages, les cocus égorgeurs et autres ordures sanglantes ont tous en commun un point d'honneur : on ne touche pas aux enfants. Ce qui prouve que, même au tréfonds de l'abjection, la bête humaine a besoin qu'il existe plus dégueulasse qu'elle.

J'en viens enfin à mon propos, qui est celui-ci : je suis effaré. Par le nombre. Certes, je savais qu'il existe des tordus chez qui la vue d'un petit enfant éveille aussitôt l'instinct sexuel. Je savais ce qu'est l'instinct sexuel, il s'éveille en moi chaque fois qu'un être humain de sexe opposé au mien et ayant un je-ne-sais-quoi impossible à définir d'avance mais parfaitement efficace entre dans ma sphère de perception. Ce peut être d'ailleurs une simple voix au téléphone. La part de fantasme est ici considérable, au point qu'une femme vêtue et pleine de retenue fera mieux fonctionner la machine à rêves qu'une strip-teaseuse à poil me collant ses muqueuses sous le nez... Mais l'enthousiasme m'emporte et me fait quelque peu dévier. Je voulais en venir à ceci que, même en mes triomphantes mais solitaires adolescences, il ne me serait jamais venu à l'idée de m'exciter sur un corps juvénile. Je me les imaginais amplement pubères, et même « ayant vécu », comme on disait alors. La trentaine et au-delà, si vous voyez. Avec du poil, beaucoup. Le complexe de l'institutrice. Je n'ai guère changé. Suis-je un cas ? L'idée qu'une petite fente innocente sans le moindre duvet autour puisse faire bander un type me révulse. Ça suscite en moi des réminiscences de couches-culottes, d'odeurs de pipi, de merde à nettoyer en pleine nuit. Qu'un père de famille puisse s'envoyer ses propres filles, c'est qu'il n'a pas eu à leur changer les langes !

Je sais. L'enfance, ce n'est pas que biberon et pipi-caca. L'enfance, c'est ces yeux grands ouverts sur un monde tout neuf, c'est ces joues d'angelots, c'est de la beauté, plus belle encore de ses promesses de beauté future. Comment peut-on, apercevant une fillette, impubère ou à peine nubile, avoir envie de « ça » ? Mais, diras-tu, et le goût de la profanation ? Là est le moteur. Enfoncer un gros paf noir et poilu dans cette innocence, voilà le haut plaisir ! Semblable en bien des points au plaisir du chasseur. Nul mieux que lui n'apprécie la suprême beauté des formes animales, le bond d'un chevreuil, l'envol d'un oiseau... Et son réflexe immédiat est de tuer cette vie, de profaner cette beauté...

Le nombre, disais-je. Cette effarante floraison de magazines porno-pédo. Cette ruée sur le tourisme sexuel vers les pays où la misère est telle que les parents vendent leurs enfants à des maquereaux industriellement organisés. Ces enfants prostitués, vendus, battus, contaminés, finissent par trouver banal de laisser l'usage de leur corps à ces gros connards pleins de fric – n'importe quel cadre moyen d'ici est plein de fric, là-bas.

Traquez les violeurs d'enfants, oui, et ne les relâchez plus ! Mais aussi traquez la misère, ne tolérez pas que des millions d'hommes croupissent dans une telle épouvantable merde que n'importe quoi leur soit bon pour survivre ! Vœu pieux ? Hélas. Coup de rage, coup d'épée dans l'eau... Je mélange tout ? Les bordels d'enfants de Bangkok, les cassettes de viols de gosses tournées en Bolivie, en Colombie, en Russie, en Pologne, et partout où grouille ce fameux milliard et demi d'êtres humains ayant moins de un dollar par jour pour vivre n'ont rien à voir avec les égorgeurs de fillettes qui rôdent au crépuscule dans nos banlieues ? Tu crois ça ? Moi je dis que la banalisation de la saloperie en diminue l'horreur. Que tout amateur de film où l'on déprave et, peut-être, torture des enfants est un violeur et un bourreau en puissance. Que les « clubs Med » de la pédophilie et les réseaux d'« amateurs éclairés » sont une conséquence normale de la division de l'humanité en deux blocs : l'îlot des nantis, dont nous sommes, et l'océan des crève-la-faim. Moins de un dollar par jour... J'en ai presque honte de l'augmentation du S.M.I.C. !

P.-S. : Vous aurez remarqué avec quel tact je me suis gardé de mentionner que les animateurs du principal réseau de diffusion de vidéo-cassettes pédophiles en France sont des militants néo-nazis ou, pour parler politiquement correct, d'extrême droite.

La cruauté est à la mode

En même temps que chacun de vous, sans doute, j'ai suivi avec stupeur l'échange d'amabilités tous crocs dehors que déclencha entre Anémone et Val certain article dudit Philippe Val dans lequel il traitait de la corrida ainsi qu'il convient d'en traiter : comme d'une infamie. Avec stupeur, avec consternation, surtout.

Je ne vais pas ici ressasser des arguments que Val a parfaitement exposés. Je ne vais pas non plus prendre sa défense, il sait très bien faire ça tout seul... La survie de la pseudo-tradition de la corrida était, il y a peu, une monstruosité qu'on pouvait espérer en voie de disparition. Sa récente renaissance fracassante, puissamment propulsée par un « lobby » qu'on pourrait plus congrûment qualifier de mafia, est un exemple navrant du pouvoir des techniques du « marketing » appliquées à la manipulation et à l'abrutissement des masses.

Stupeur ? Oui. Qu'une Anémone, actrice à qui l'on a spontanément envie de donner sa sympathie, se révèle soudain aussi lourdement conforme au modèle du poireau standard (je ne pourrai plus voir sa bonne bouille sans que s'y superpose la trogne du beauf' de Cabu).

Consternation ? Devant la bêtise et la banalité des « arguments » archi-éculés qu'elle étale triomphalement comme si, vraiment, elle venait de les découvrir. Je n'aurais pas cru qu'on puisse encore, ailleurs qu'entre gras-du-bide parfumés au pastis, proférer des conneries de ce calibre.

Un acteur aimé, on a tendance à se l'imaginer, « dans la vie », aussi fin, aussi malicieux, aussi intelligent que les personnages qu'il incarne sur scène ou à l'écran. On lui fait crédit du texte qu'il débite, des intentions non dites qu'il suggère. On oublie qu'il n'est que l'interprète – talentueux, certes ! – de l'auteur. « Dans la vie », privé du soutien d'un texte du bon faiseur, l'acteur ferait mieux, bien souvent, de fermer sa gueule.

Tu me diras que je m'énerve pour pas grand'chose, que tout ça n'était sans doute que provoc, appel du pied, appel au flirt, et que la réponse adéquate eût été un cordial et discret « Viens te faire sauter, ma grande ! » qui eût peut-être marqué le début d'un beau roman d'amour... Mais Val ayant pris la chose au sérieux et le taureau par les cornes (pardon !), la lettre a été publiée, ainsi que la réponse, et, venant après pas mal d'autres choses, ça me suggère des suggestions et me prolonge des prolongements, que veux-tu, on ne se refait pas.

Des prolongements comme ça : la cruauté est à la mode. Et, tiens-toi bien, ce sont les femmes qui donnent le ton. Dois-je dire les pétasses ? Anémone est tout à fait dans le vent. Et même à la pointe, comme il se doit. Une vedette, ça ne suit pas, ça marche en tête. Ou tout de suite derrière la tête.

Donc, voici venir le temps des femmes machos. Des femmes plus mecs que les mecs. Qui traitent de mauviettes les mâles abominant les jeux de cons sanglants, de sans-couilles ceux qui n'aiment pas qu'on tue pour faire joujou, de pédés les militants pacifistes et se pâment en écoutant *Mon légionnaire.*

Brel, avec *Les taureaux s'ennuient le dimanche,* ne ferait plus un rond. Elles n'ont pas honte, les grosses radasses, de « se prendre pour des Carmencita » et de se payer un pied crapuleux à ces boucheries à grand spectacle.

Rodomontades de chambrée, mépris de rempilé, poil au cœur et balai de chiottes dans le cul, la femme est l'avenir de l'homme ! « *La corrida exige un vrai courage...* » Qu'en ai-je à foutre ? Se taper vingt carats de durs pour insoumission, comme Louis Lecoin, en exige bien davantage, et du vrai, et du triste, et qui dure, et sans flonflons, et pour pas un rond. Plus modestement, oser passer pour un sans-couilles et pour un « *gnangnan récurrent* » aux yeux de l'écrasante unanimité des bons cons bien conformes qui se foutent de ta gueule, c'est pas mal non plus, dans le genre courage, puisque c'est de courage qu'il s'agit.

Allons, les filles, ne vous laissez pas fabriquer ! Il est d'autres moyens de prouver sa virilité qu'en braillant « Olé ! » au spectacle d'un voyou déguisé en mardi gras qui achève une pauvre bête déjà plus qu'aux trois quarts morte.

La méchante reine repentie

Conte légèrement fantastique, vaguement social et très peu moral

La méchante reine consulta son miroir magique, ainsi qu'elle avait coutume de le faire chaque matin. Elle l'interpella en ces termes consacrés :

– Ô mon miroir magique ! Dis-moi. Suis-je toujours la plus aimée en mon royaume ?

Le miroir répondit aussitôt, en son langage de miroir, que la méchante reine, étant sorcière, comprenait fort bien :

– Ô reine, voici la réponse. Non, tu n'es pas la plus aimée en ton royaume.

La méchante reine fit une fort laide grimace et croassa comme croassent les reines sorcières quand elles sont contrariées.

– Et qui donc, s'il te plaît, insolent miroir, se permet d'être plus aimé que moi en mon royaume ?

Le miroir hésita. Il se disait, en sa petite tête de miroir, « Ce coup-ci, elle me pète en mille morceaux ». Mais il ne pouvait pas ne pas répondre, et, d'autre part, il ne pouvait dire que la vérité, c'était un miroir comme ça. Il balbutia donc :

– La plus aimée en ce royaume est celle que les gazettes illustrées en couleurs se plaisent à nommer Lady Di.

La méchante reine brama :

– Cette pouffiasse !

Et puis elle fit péter le miroir d'un bon coup de sceptre là où ça fait le plus mal, et voilà pour lui.

La méchante reine consulta un autre de ses miroirs magiques, un qui était fait, celui-là, de telle sorte qu'il donnait des conseils, et qu'il ne pouvait donner que de bons conseils.

– Ô mon miroir magique ! Dis-moi. Que dois-je faire pour être de nouveau la plus aimée ? Dois-je louer une voiture allemande chic et rapide, conduite par un chauffeur français ivre mort, et foncer à cent quatre-vingts à l'heure en visant soigneusement la pile de gauche du pont de l'Alma, à Paris (France) ?

Le miroir fit remarquer, avec tact :

– C'est déjà pris, ô reine. Il faut trouver autre chose.

– Tu crois ? Oh, et puis, après tout, je n'aime pas les voitures allemandes. Je n'aime pas beaucoup non plus la France, ses chauffeurs cuités au vin rouge et ses ponts de l'Alma. Il doit y avoir d'autres moyens. Allons, miroir, trouve !

Elle lui donna un coup de pied. Le miroir fit « Aïe ! » et se mit à réfléchir. La reine leva le pied pour lui en donner un deuxième coup. Le miroir dit en hâte :

– Ô reine, écoute mon conseil. Voici. Tu peux récupérer une petite partie de l'amour de ton peuple, une toute petite partie seulement, mais c'est mieux que rien, si tu sors de ton palais bien clos...

– Quelle horreur ! Cela sent tellement mauvais, dehors !

– Ne m'interromps pas. Tu m'as questionné, je te réponds. Si, donc, tu sors de ton palais tout noir et si tu affirmes devant le peuple de ce royaume que cette Lady Di, après tout, avait quelques bons côtés, qu'elle ne chipait pas les confitures, ne te fauchait pas tes bigoudis, ne se bourrait jamais le pif en public, que s'il lui est arrivé de pratiquer la copulation avec ton cher mari, le prince consort, c'était uniquement par mégarde, parce qu'elle l'avait pris pour le sien, la nuit, au toucher, à cause de la tonsure... Dis que les pauvres ne la faisaient pas vomir, qu'elle lavait son petit linge elle-même, des choses comme ça.

La méchante reine avait écouté attentivement. Elle fit :

– Beuark ! Est-ce que je devrai montrer mon cul, aussi ?

– Ce ne sera pas nécessaire. Celui de Lady Di, je ne dis pas... Le tien ferait peur au peuple. Ce serait aussitôt la révolution.

La méchante reine poussa un gros soupir, haussa les épaules et dit « Puisqu'il le faut... ».

C'est ainsi que la méchante reine, bon gré mal gré, risqua le museau par la porte entrouverte et, n'ayant reçu aucune tomate pourrie ni aucun autre projectile symboliquement signifiant, sortit carrément de son noir palais, un petit bouquet de fleurs à la main, des en plastique qui durent longtemps et qu'on n'a pas besoin d'arroser.

Ainsi parut-elle devant le peuple du royaume, lequel ne l'avait pas vue depuis plusieurs siècles et la prit tout d'abord pour la femme de ménage sortie acheter des poireaux pour la soupe.

La méchante reine, sans regarder personne, vint se placer là où il y avait un rond à la craie tracé sur le bitume. Elle fit « Hm, hm » pour essayer le micro, et puis elle dit ce que lui avait conseillé de dire le miroir aux conseils. Sur son élan, elle ajouta quelques développements pour faire joli :

– Ô peuple ! En vérité je te le dis, si cette Lady Di, puisque Lady Di il y a, au lieu de confier sa carcasse (grondements dans le peuple. La méchante reine, comprenant que sa nature mauvaise prenait le dessus, se rattrapa bien vite)... je veux dire son corps charmant (murmures d'adoration dans le peuple) à un chauffeur incompétent et plus saoul que toute la Pologne (faible protestation d'un immigré polonais. La reine passe outre), était sagement montée se coucher avec un bon livre anglais, par exemple *Alice au pays des merveilles*, eh bien, elle serait encore en vie et en bonne santé, et, dans quelques semaines, elle eût épousé son bien-aimé, le gros Dodi, rejeton pourri de fric d'un père à la fortune excessivement suspecte et à l'appartenance ethnique résolument non britannique, et alors, peuple, à peine le tralala des noces passé, elle ne t'aurait plus intéressé du tout, elle redevenait une croqueuse de diamants de haute volée qui aurait mis la patte sur un sac de fric, comme une quelconque Grace Kelly ou Jackie Kennedy, et, très rapidement, les magazines-pipi et leurs paparazzi lui eussent foutu une paix totale.

Une voix s'éleva :

– Oui, mais elle a eu la chance de mourir en pleine gloire, en pleine beauté, juste avant de se vendre à son tas de pognon, et du coup elle est devenue un mythe, un mythe poignant et douloureux, et nous on aime les mythes, surtout poignants et douloureux, on a besoin de mythes, on aime pleurer sur les belles jeunes femmes fauchées en plein bonheur, à la fleur de l'âge, on aime que la mort écrabouille comme des insectes ces déesses que nous ne serons jamais, nous, les femmes, que nous n'aurons jamais, nous, les hommes, nous on aime pleurer, c'est si bon, et nous on t'emmerde.

Mais la méchante reine n'écoutait plus. Elle avait fait son boulot, elle avait sauvé la dynastie, elle rentrait à la maison.

Le peuple apprécia, unanime :

– Elle a fait son boulot. Rien à dire. Ouf ! Un moment, on a bien cru être obligés de faire la révolution. Un dimanche... Shocking !

Enfin ! La pilule tue !

Enfin ! Elle tue ! Il y a quand même une justice en ce bas monde libidineux... Les moralistes ont eu peur. Pensez ! Une pilule magique qui assure ou restitue à tout individu mâle, quel que soit son âge ou ses inhibitions, l'usage plein, satisfaisant et pour ainsi dire automatique de son membre dit « viril » ! La bandaison assurée, où et quand il lui en prend l'envie ! Et même sans envie ! Comme s'il appuyait sur un bouton ! Ça ne peut pas être moral, un truc pareil. Comme tout ce qui se passe dans la région du bas-ventre et de ses banlieues.

La survenue sur le marché de la magique petite pilule bleue a déclenché la ruée. Grâce à la Science (là, on peut lui mettre une majuscule, elle l'a bien méritée), ce vieux rêve de la trique fabuleuse et permanente qui hante tout individu mâle depuis sa puberté (et même bien avant !) jusqu'à son ultime râle devient réalité. C'est le bon génie de la lampe d'Aladin.

Cette ruée, ce raz de marée, a mis en évidence une chose stupéfiante : la fantastique quantité d'êtres humains de sexe masculin ayant des problèmes de fonctionnement de la part de leur queue ! On eût pu s'attendre sans trop de surprise à voir les pensionnaires des maisons de retraite clopiner en masse vers les officines, car personne ne subit de bon cœur le passage de la limite sinistre au-delà de laquelle, ainsi que l'écrivait Romain Gary, « votre ticket n'est plus valable ». Ils prirent le départ, certes, nos bons vieux, mais ils furent aussitôt dépassés, renversés, piétinés par une énorme vague de fond de gros pères pleins de santé affichant ces âges triomphants où la virilité devrait vous jaillir de la braguette et vous tirer en avant. Des tout jeunes, aussi, des adolescents inhibés, traumatisés par quelques échecs humiliants... L'homme n'a pas droit à la panne. Or, bien souvent, le moment tant espéré de la satisfaction du désir enfin venu, l'excès même de la passion peut trahir l'amoureux trop émotif, le laisser mortifié par une flaccidité sans remède. Honte et désespoir !

Jusqu'ici, tout se passe aux États-Unis, puisque la vente de la pilule du bonheur n'est pas encore autorisée en France. Dès maintenant, cependant, elle pose de ces problèmes éthiques dont se délectent ceux dont la vocation est de penser pour les autres.

Par exemple : est-il conforme aux visées du Créateur de réveiller le moyen d'assouvir le désir sexuel quand l'organe adéquat refuse le service ? L'Église n'a pas encore pris position. D'une part, multiplier les occasions de pratiquer l'acte conjugal, c'est aussi multiplier les naissances, mais, d'autre part, c'est favoriser le dévergondage. Afflux de bambins au catéchisme, mais aussi afflux de petits vieux libidineux à la sortie des écoles, queue à la porte des maisons de prostitution, floraison de putes et semi-putes de fins de mois... Il faut attendre des statistiques précises pour savoir si le bien compense le mal, à moins que Sa Sainteté Jean-Paul, visité par la Sainte Vierge ou par le Saint-Esprit, ne fasse part au monde depuis son petit balcon de la volonté du Seigneur.

Les écologistes ne manqueront pas de poser la question de savoir s'il est louable de faire violence à la nature et de bousculer témérairement l'écosystème, d'autant qu'avec la mise en œuvre des trente-cinq heures le temps disponible pour se livrer aux activités liées à la pilule augmentera en proportion. Un torrent de sperme ne risque-t-il pas de colmater la nappe phréatique déjà bien menacée ? Il est encore trop tôt pour évaluer l'impact de ce formidable flux d'orgasme sur la couche d'ozone, mais d'ores et déjà les prévisions sont nettement pessimistes.

Quant à l'Association des Vilains Museaux et Puants de la Gueule, elle s'inquiète du fait que ses adhérents, ayant, comme tout un chacun, pris la pilule magique et, conséquemment, bandant comme des cerfs mais n'éveillant pas pour autant chez un éventuel partenaire féminin (ou autre) l'envie d'assumer les conséquences de cette turgescence, n'auront le choix qu'entre un onanisme forcené qui les conduira à la surdité totale ou un viol qualifié qui les conduira en taule.

Enfin, bon, le principal défaut de cette petite merveille était sa parfaite innocuité. Donner du plaisir sans contrepartie, ça n'est pas possible, ça. Pas permis, en tout cas. Toutes les lois divines et humaines s'y opposent. Quand apparut l'*autre* pilule, celle qui permet de faire l'amour sans faire l'enfant, on tendit le dos, on savait bien que ça ne se passerait pas comme ça. Et en effet : paf, le sida !

Pour cette pilule-ci, on n'a pas eu aussi longtemps à attendre. Six morts d'un coup ! Ça donne à penser.

Oh, bien sûr, il ne manque pas de spécialistes pour affirmer que ce n'est pas la faute de la pilule, mais bien celle des petits impatients qui l'ont avalée sans lire la notice écrite tout petit qu'il y a au fond de la boîte. Il faut toujours lire la notice. Vous me direz qu'un octogénaire pressé d'honorer la jouvencelle qu'il vient de séduire n'a guère le loisir de chercher son étui à lunettes afin de déchiffrer le mode d'emploi, car il n'y a pas que l'organe viril qui baisse, à ces âges, la vue aussi.

De toute façon, la pilule bleue n'est, me suis-je laissé dire, délivrée que sur ordonnance médicale. Pourquoi ? Parce que c'est un médicament. Pas vrai. Un médicament est un produit destiné à soigner telle ou telle maladie. La pilule bleue ne soigne rien, elle permet d'être à même de satisfaire un besoin. Une canne permet de marcher. Est-ce un médicament ? La rampe de l'escalier, qui aide à grimper, est-elle un médicament ? Faut-il une ordonnance pour acheter de l'alcool, du tabac, produits néfastes ? Mais, nous dit-on, il y a des contre-indications, en particulier les associations de médicaments antagonistes ! Le sucre est interdit aux diabétiques. Faut-il ne vendre le sucre que contre ordonnance ? Si le diabétique veut se suicider aux tartes à la crème, c'est son affaire. Le cardiaque qui se fait bander artificiellement sait quel risque il prend. Ce n'est pas la pilule qui le lui fait courir, ce risque, mais bien la baise. Un cardiaque qui claque en plein orgasme (quelle belle mort !), ça existait avant la pilule. Ou alors, comment faisaient-ils, sans pilule ? Ils ne bandaient pas, c'est ça ? Je ne savais pas, je suis content de m'instruire. Donc, un cœur fragile supprime l'érection, supprimant du coup le risque ? C'est de l'adaptation, ça ! De l'autorégulation. Est-ce que l'obésité supprime l'appétit ? La cirrhose du foie le goût du pastis ? Non. Dans ces cas et dans bien d'autres, il faut lutter, être raisonnable. Le corps vous trahit, le salaud !

Pourquoi n'en serait-il pas de même avec la bandaison ? Si un cardiaque fait l'amour à la cosaque, pilule ou pas, et en claque en plein essor, c'est ses oignons. On ne peut que conseiller à un alcoolo en danger de cesser de boire, on ne peut pas le lui interdire, le côtes-du-rhône se vend sans ordonnance. Si un cardiaque veut rendre hommage à sa bien-aimée et ne le peut qu'avec l'aide d'une pilule, de quel droit le lui interdire ?

Si un type veut baiser jusqu'à en mourir (ça existe, ça ? On meurt d'amour par le moyen d'une balle dans la tête ou d'une corde autour du cou, mais de trop baiser ? Humm...) et qu'il puisse le faire sans pilule, qui l'en empêchera ? La pilule, si j'ai bien compris, n'est pas un aphrodisiaque, c'est-à-dire un apéritif à déclencher le désir. Elle permet de bander à ceux qui voudraient bien mais ne peuvent pas. Rien de plus terrible que le désir qui hurle en un corps amoureux, et tourne en rond, et ne parvient pas à s'assouvir parce que l'outil fait défaut. Là où il n'y a pas (ou plus) possibilité d'assumer, il faudrait que le désir, c'est-à-dire l'amour, disparaisse. Hélas, la nature (c'est un autre nom du bon Dieu, pour ceux qui se croient athées mais ont besoin de Quelque Chose) est une salope, si on la laisse faire.

La nature à ma botte, voilà la vraie écologie.

On peut tuer et violer

Fromage et dessert

Taslima Nasreen crie au secours. Qui est Taslima Nasreen ? Ah, vous posez la question ! Ce qui montre bien... Ce qui montre bien quoi ? Qu'en toutes choses, il faut être le premier ou rien. Qui est le premier, en l'occurrence ? Salman Rushdie. Ah, oui, celui-là ! On sait. C'est (c'était) le condamné à mort numéro un, celui qui n'avait plus sa place sur la planète, celui que tout vrai bon musulman était appelé à trucider dès qu'il verrait dépasser le bout de son nez, en quelque endroit que ce pût être. Mais c'est une affaire réglée, les ayatollahs ont annoncé solennellement qu'ils passaient l'éponge quant à eux, qu'ils avaient donc désormais les mains propres et que si des intégristes obstinés le tuaient quand même le gouvernement de l'Iran n'y serait pour rien, et que, sans problème de conscience, on peut d'ores et déjà lui acheter ce qu'il a à vendre et lui vendre ce qu'il désire acheter, billets de banque et marchandises en provenance d'Iran ne sont plus maculés de vilaines taches rouges... Je vous ai raconté tout ça la semaine dernière, mais une petite récapitulation des chapitres précédents ne peut pas faire de mal.

Donc, la victime vedette de la « fatwa », c'était Rushdie. On a bien vibré, mais, bon, ça va comme ça. On a donné. Il y en a encore un ? C'est-à-dire une ? Mouais. Ça fait réchauffé. Elle ne grimpera pas haut au box-office. Enfin, dis toujours.

Ça se passe au Bangladesh, le Bengale des livres d'aventures de notre jeune âge, pays prestigieux, plein de tigres, d'éléphants richement caparaçonnés avec des maharadjahs dessus et des danseuses nues tout autour. Ça, c'était hier.

Le Bangladesh d'aujourd'hui a deux activités principales : l'inondation et l'intégrisme islamiste.

La première est colossale, dévastatrice, meurtrière. La surface presque totale du pays a disparu sous des mètres d'eau, de boue plutôt. Milliers de morts, dizaines de millions de sans-abri, épidémies, famine, pillages, désorganisation de l'État, corruption et batailles de chiens autour des secours venus de l'étranger, épouvante devant un avenir qui s'annonce effroyable.

La seconde activité, elle aussi, est florissante. On eût pu croire que, devant l'immensité du péril ci-dessus évoqué, les Bengalis auraient uni leurs forces pour y faire face, et laissé de côté, fût-ce provisoirement, les questions métaphysiques. Ce serait mal connaître l'homme religieux en général et les fanatiques en particulier. Même submergé jusqu'aux narines, le fanatique conscient et organisé brandit son couteau affûté de frais au-dessus de l'eau pour ne pas qu'il rouille et guette, guette sans relâche. Or ils sont des millions. Le Bengali est prolifique. S'ils voient flotter quelque chose qui ressemble au chignon de la maudite, tous ces bras plongeront ensemble juste là où doit logiquement se trouver le reste de son corps, et ils frapperont, frapperont jusqu'à ce que ça ne bouge plus.

Marie-Antoinette, la pauvre gourde qui, ses conneries l'ayant menée à la guillotine, devint de ce fait touchante martyre, disait, entre autres mots d'esprit : « Le peuple manque de pain ? Qu'il mange de la brioche ! » Trait d'humour qui lui coûta cher. Elle n'avait pas compris qu'à un peuple qui crie famine, ce n'est pas de la brioche qu'il faut, mais du sang. Le Bangladesh meurt de faim, le Bangladesh veut du sang. Celui de Taslima Nasreen.

Qu'a-t-elle fait ? Elle a osé écrire qu'elle était en désaccord avec le Livre. Elle est, de ce fait, condamnée à mort. La récente mansuétude (intéressée) des ayatollahs iraniens à l'égard de Salman Rushdie lui donna-t-elle à croire à un mouvement général d'apaisement ? Toujours est-il que, sachant sa mère gravement malade, elle se rendit clandestinement au Bangladesh. Cela se sut. Et déclencha un formidable concert d'appels au meurtre chez ceux qu'il convient poliment de nommer les « fondamentalistes » de l'islam.

Enchâssé dans l'Inde hindouiste et profondément antimusulmane, le Bangladesh (ex-Pakistan oriental) est voué à l'extrémisme des isolés. La mort de Taslima est affaire nationale. Des manifestations violentes, un peu partout dans le pays, exigent du gouvernement la tête de la sacrilège. Des actions plus radicales sont prévues.

Dans une lettre qu'a publiée *Le Monde*, Taslima tente sa dernière chance : un appel désespéré à tous les gouvernements qui se veulent démocratiques afin qu'ils agissent auprès du gouvernement du Bangladesh pour qu'il renonce à la poursuivre et lui permette de quitter le pays tout en la protégeant contre la rage homicide des fanatiques.

Taslima Nasreen, comme Rushdie, est un cas exemplaire. Son appel sera ou ne sera pas suivi d'effet : elle n'est pas une monnaie d'échange, et l'on ne peut guère mettre en balance l'aide humanitaire au Bangladesh et l'immunité assurée à un écrivain non conformiste. Qu'elle réussisse ou échoue, c'est-à-dire qu'elle vive ou meure, elle a déjà pris valeur de symbole.

Qu'est-ce que l'acharnement criminel contre une femme qui, pour écrivain qu'elle soit, n'est rien de plus qu'une autre femme, qu'un autre être humain, quand, en Algérie, on égorge par villages entiers, quand on massacre au Kosovo, quand les talibans emplissent les charniers ? Pour ne parler que des crimes collectifs qui ont la vedette en ce moment même.

L'affaire Rushdie n'a pu se régler que par des tractations où chacun trouvait son intérêt. Un marchandage qui n'a rien à voir avec la justice. Khomeyni avait pu lancer son injonction mondiale à la mise à mort tout à fait impunément. Aucune loi internationale ne s'y opposait. Les crimes de guerre – ou « contre l'humanité » – ne concernent que les massacres de masse. À partir de combien de victimes y a-t-il crime contre l'humanité ? Les chefs d'État (ceux du moins qui n'étaient pas trop dépendants économiquement du pétrole iranien) protestèrent poliment par la voie diplomatique, c'est tout ce qu'ils pouvaient faire. Il en sera de même – au mieux ! – pour Taslima.

Pour paraphraser une phrase trop fameuse : le XXIe siècle sera celui du monde uni ou ne sera pas. Le morcellement de la planète entre États souverains, indépendants de toute autorité supranationale, est désormais facteur de mort. Il est monstrueux qu'on tolère d'un État – c'est-à-dire de la clique momentanément au pouvoir – ce qu'on ne saurait tolérer d'un individu. Quand cela devient vraiment « trop », c'est-à-dire quand les opinions publiques, attisées dans le sens moralement correct, réagissent, les « bons » États punissent les méchants. Comment ? Par des bombardements « au rasoir » comme celui que subit l'Irak jadis, comme celui que se prépare à subir la Serbie demain. Qui est puni ? Saddam Hussein ? Milosevic ?

Non. Le peuple. Le peuple qui meurt. Est estropié. Sans logis. Frappé de famine. Ne pourrait-on pas agir autrement que par des actes de guerre ?

Les droits de l'Homme sont universels, ne se modulent pas selon les us ou les avatars de la politique locale. La personne humaine est sacrée, c'est là le premier principe de toute vie en société.

C'est pourquoi j'appelle de tous mes vœux ce fédéralisme universel, cette mondialisation tant décriée. La même loi pour tous, partout. Et les moyens de la faire respecter.

À bas les frontières !

Le cul ne tue plus

L'échec inattendu du lamentable épisode d'acharnement sexo-politique contre Clinton aura révélé au monde une chose proprement stupéfiante : une histoire de cul ne suffit plus à démolir une carrière, même dans le pays le plus cul-pincé du monde. Cela donne à penser.

Jusqu'ici, le cul était le levier irrésistible pour manipuler les foules. Tout publicitaire, tout politicard ambitieux sait cela, il l'a appris dès ses premiers pas dans le domaine sacré. Tu veux vendre une bagnole, démerde-toi pour que les reflets de la lumière sur la carrosserie se prolongent sur les longues pulpeuses cuisses d'une salope de bonne race. Pour un frigo, fais-la se pencher sur les pots de yaourt de façon à tendre la minijupe sur de la croupe fabuleuse, avec visiblement rien en dessous, cela va de soi. L'homme bande, sa madame envie, tous deux sont submergés par le raz de marée d'adrénaline qui hurle dans leurs artères, ça leur excite la glande d'achat, on enseigne ça dans toutes les écoles de commerce.

Ça, c'est l'effet positif du cul. En ce qui concerne l'effet négatif, c'est-à-dire celui qui sert surtout dans le domaine de la haute et basse politique, le processus est à l'inverse. Ici, le cul, brusquement dévoilé dans l'éblouissement de ses turpitudes, exposé sur la place publique avec projecteurs et haut-parleurs son et lumière, vous terrasse aussi sec l'adversaire honni et le couvre de honte à tout jamais.

Du moins en était-il ainsi jusqu'à ces tout derniers temps. Tout cela a changé. Il faut réviser les manuels. Car, c'est un fait, le cul ne tue plus.

Les Républicains (avec une majuscule, ça désigne les plus yankees des yankees) s'en sont avisés trop tard, d'où leur amère défaite. Ils n'ont pas su déceler à temps et interpréter correctement les signes avant-coureurs qui, pourtant, n'ont pas manqué. Je ne prendrai pour exemple que ce président de la République d'un minuscule pays lointain, comment s'appelait-il, déjà ? Ah, oui, Mitterrand, François Mitterrand. Eh bien, il courait sur ce gars des centaines d'histoires de braguette qu'il se gardait bien de démentir, se contentant de baisser les yeux d'un air modeste... Le croiriez-vous ? Loin de lui faire du tort, ça le servait. Plus on lui prêtait d'histoires de cul, plus grandissait sa popularité. La France entière était son harem, ou rêvait de l'être. Il en était venu à exhiber ses bâtards avec autant de fierté que son cordon de Grand Maître de la Légion d'honneur.

D'accord, eussent rétorqué les Républicains s'ils eussent seulement soupçonné qu'il se trouvait quelque part dans un coin noir un machin appelé « la France », d'accord, mais ça se passait chez on ne sait quels Latinos obsédés, puant l'anis, le vin rouge, l'ail et l'entre-fesse mal torché au papier journal, c'est pas de jeu. Chez des êtres ayant pleinement achevé leur mutation vers l'humain, le réflexe sain aurait joué.

Et voilà comment on se laisse avoir ! Vous gueulez à pleins micros à l'Américain type sentant bon l'after-shave : « Trou du cul ! Bite ! Sucer ! Fente poilue !

Sodomiser (enculer n'est pas traduisible) ! Lécher ! Couilles ! Sperme (voir plus haut) ! Jupe foutue ! Braguette amidonnée ! » L'Américain type est censé s'écrier « Horreur ! *Damned rascal* ! Démission ! ». Et alors, non. Pas du tout. Juste le contraire. L'Américain type ne gueule pas. Ses yeux s'allument. Son pantalon se tend, son Américaine type joint les mains, lève les yeux au ciel, soupire « *Good Lord !* », se laisse tomber à la renverse sur le lit impeccablement fait, et tous deux se mettent en devoir d'enfoncer ce qui s'enfonce là où ça s'enfonce et même se risquent à essayer ces trucs dégueulasses, pervers et malsains qui ravalent l'homme plus bas que la bête et la femme encore plus bas vu qu'elle est dessous, ces trucs que pratique le président et dont ils ont vu les schémas avec explications dans tous les magazines américains et même à la télé (quand les chers enfants américains sont couchés, *of course*).

Et après, savez-vous quoi ? Hilare, l'Américain type court chez la statistique dire qu'il est pour Clinton, tout à fait d'accord, à fond la caisse avec le *dear fucking old boy*. Ça, alors !

Donc, le cul ne tue plus. Du moins fait-il encore vendre des bagnoles. Est-ce bien sûr ? Interroge-toi. As-tu vraiment acheté ta bagnole, fasciné par les guibolles de la fille de la télé ? Achètes-tu le yaourt de celle qui se pourlèche comme si elle venait de te faire ce que l'autre boudin faisait à Clinton ? Bien sûr que non ! Pour la bagnole, tu exiges d'autres critères. Pour le yaourt, tu t'en fous, tu prends celui de la cantine, bien forcé.

Tu fais comme moi, comme nous tous, bons cochons : tu dégustes les sourires de la bonne conne de la télé comme si tu y croyais, tu te laisses glisser dans son corsage jusqu'à la touffe, tu remontes le long de ses cuisses jusqu'à la même touffe, mais par la face sud… Bref, tu la baises par les yeux, puisqu'on te l'offre, et puis tu te dis : « Merci, chérie, c'était bon à prendre en passant, même si je n'en ai eu que la vue, mais ta bagnole de chiottes, tu peux te la carrer, ton yaourt, tu peux te le tartiner, ton fromage "comme au bon vieux temps", c'est le même caoutchouc insipide, alors pourquoi se faire chier à choisir… »

Dites voir. Et si la pub n'était qu'un énorme bluff, un racket géant auquel aucun industriel n'ose échapper, dictature de quelques merdeux « créatifs » roublards, parasites qui font doubler ou tripler le prix de revient sans rien apporter que leur baratin et leur culot ?

Ce que disait Val la semaine dernière à propos de l'électronique, gigantesque mafia toujours compliquée et fragile, presque toujours inutile et trop souvent nuisible, cette analyse ne s'appliquerait-elle pas aussi à la publicité ?

Marionnettes

Charb a écrit ce qu'il pensait. Siné lui a redressé le nez. Il semble que tout ait été dit et qu'il serait temps de passer à autre chose. Je voudrais quand même ajouter mon grain de sel. Espérons que je saurai maîtriser ma pernicieuse tendance au bavardage.

Il s'agit du voile, oui. Charb « qui n'aime pas les gens » se montre ici bien optimiste. Croire que l'instruction fera tomber le foulard de lui-même est un charmant vœu pieux. S'il ne s'agissait que de l'évolution des petites filles elles-mêmes s'ouvrant à la réflexion en même temps qu'à l'instruction, il y aurait effectivement de l'espoir. Mais ce n'est pas elles qui sont en cause, ou si peu. Derrière, il y a les connards bigots ou simplement soucieux de tradition et de conformisme qui les envoient à l'école la tête emmaillotée, comme appâts, comme défi, comme affirmation que nous on est comme ça et on vous emmerde. Toutes les petites musulmanes n'arborent pas le voile symbolique, loin de là. Celles qui le font ne sont que les marionnettes à trois doigts d'un clan cul-bénit qui fait « kss, kss » pour exciter les clebs que nous sommes, nous, les non-musulmans.

La laïcité n'est pas l'anti-religion. Elle est le droit

pour chacun de croire ou de ne pas croire et, s'il croit, de ne pas empêcher le voisin de croire à sa façon ou de ne pas croire du tout. Cela s'appelle fort justement la liberté de conscience.

L'école est l'endroit où se rencontrent et se mêlent les futurs citoyens. Elle est obligatoire, c'est fort bien, et laïque, afin que nulle position religieuse n'y prévale sur les autres. Interdire toute manifestation religieuse, tout acte de foi à l'école est la conséquence directe de ce désir de cohabitation harmonieuse. Arborer un insigne religieux (ou politique) équivaut à affirmer la prééminence de sa foi (ou de sa conviction) sur les autres. Cela doit donc être banni, et ce l'est, en effet.

Chaque religion se proclame unique détentrice de la vérité. En même temps, puisqu'elle traite des fins ultimes de l'Homme et de ce qui, estime-t-elle, est la seule chose qui compte : comment se conduire envers la divinité afin de n'être pas damné, elle rejette comme futile tout ce qui n'est pas le souci religieux. Instruction, métier, réussite, bonheur, savoir... Tout est méprisable, seule compte l'observance pieuse. Dieu passe avant tout.

La pratique de la laïcité amène à placer toutes les croyances sur le même plan. Elle pose en fait l'égalité des religions... Mais, pour un croyant, sa religion étant la seule vraie, la placer sur le même plan que les autres est déjà un acte de persécution. Allez donc faire admettre à un dévot que sa façon d'adorer son dieu n'est qu'une façon comme les autres !

Or c'est là que gît l'écueil. Un enfant, tant qu'il est dans son milieu familial, est modelé par la foi de ses parents. Son dieu est le seul dieu, sa façon de le prier la seule façon. L'école lui fait découvrir que d'autres enfants connaissent d'autres dieux. Il découvre la relativité de son cas. Il apprend à ne pas tirer supériorité de sa foi, même s'il fait partie des majoritaires. Franchie la porte de l'école, on ignore Dieu et ses rituels. On apprend comment les choses s'organisent sans tenir compte de la façon dont elles ont été « créées », ni de leurs prolongements mystiques dans un monde surnaturel. L'interprétation surnaturelle, s'il y a lieu, est donnée dans la famille, au catéchisme, à la mosquée, que sais-je...

Si, par faiblesse, inconscience, lassitude ou sens dévoyé de la tolérance, on autorise le foulard en tant qu'insigne religieux ostentatoire, en violation complète des lois de la République, comment pourra-t-on empêcher – ce qui ne manquera pas de se produire, ne serait-ce qu'à titre de protestation – le port des croix, des étoiles de David, des kippas, des gris-gris africains, des médailles « sataniques », des croix du Nord, enfin de tous les bidules proclamant l'attachement exclusif à une superstition plus ou moins officielle ou farfelue ?

Le voile à l'école est une provocation. S'attendrir sur les fillettes, c'est ne pas vouloir voir les fanatiques (ou les malins) qu'il y a derrière. Les fillettes sont victimes, non des instituteurs, mais bien de leur famille bornée ou partisane. Elles ne sont hélas pas les seuls enfants à pâtir de la connerie de leurs parents. C'est même le sort commun.

Charb oppose le foisonnement des marques commerciales arborées sur les vêtements. Mais je suis tout à fait d'accord, mon petit père, et je l'ai gueulé bien des fois ! La chemise Lacoste a commencé, avec son crocodile, signe de « classe ». Ont suivi, de plus en plus énormes, transformant l'acheteur en homme-sandwich, les Adidas, Benetton, Naf-Naf... Tu paies, cher parce que c'est la « griffe », et tu fais, gratos, la pub de la marque. (Tiens, je voudrais bien savoir ce que c'est que l'espèce de boomerang volant qu'on voit sur toutes les casquettes « de base-ball ». Vous allez me le dire.)

Amener le cochon de payant à cela, voilà le trait de génie. Génie margoulin, je veux dire. Les conasses qui arborent fièrement le « vrai » sac Vuitton qu'arborent toutes les conasses du monde (surtout japonaises)... On veut être différent, mais comme tout le monde. Et nous arborons le même uniforme publicitaire en croyant nous « affirmer ».

Revenons à la laïcité à l'école. Pas de concession. Il faut avoir le courage de s'y tenir. Et, encore une fois, tant pis pour les filles qui ont eu la malchance de naître chez des connards, elles ne sont pas les seules.

Aïe, j'ai été bavard ! Ça ne devait être qu'un petit coup de pied en vache en passant, et voilà... Je n'ai plus la place pour vous confier ce que je pense des « aventuriers » téméraires qui partent à la conquête des cimes en plein hiver ou qui, couverts d'étiquettes sponsorisantes, se lancent en solitaires dans les quarantièmes rugissants... Et mobilisent des armées de sauveteurs, gendarmes, hélicos, bateaux pour les tirer d'affaire quand ça tourne mal. Une semaine qu'on nous fait chier avec les trois guignols rescapés de la montagne cruelle ! Des héros ! Des géants ! Les CRS des neiges qui les ont retrouvés, autres héros ! Je ne leur dénie pas le droit de risquer leur vie, d'accomplir des exploits, tout ça tout ça, mais qu'ils fassent cela discrètement, bon dieu ! Un solitaire, ça ne fait pas de bruit. Ça fuit la foule et l'adulation... Défier la mort, c'est risquer de la trouver. Si ça les amuse, hein...

Quand je pense qu'on en a pour encore deux mois à être gavés de ski, et après ce sera le tennis, le foot, le Tourdefrance... Les casquettes Coca-Cola sont-elles permises à l'école ?

Ministre, femme et écolo, c'est trop !

Être femme, déjà, en politique, c'est un peu comme être enfant d'immigrés à l'école : il faut non seulement se maintenir à la hauteur des « normaux » – ici, les mâles superbes –, mais encore faire beaucoup mieux, être la première de la classe.

Être écolo, c'est encore autre chose : doux rêveur, utopiste, rigolo, irresponsable... Ça fait marrer les vrais pros de la politique et les gens sérieux qui ont les pieds sur terre et l'œil sur le profit.

Être femme et écolo, ministre de surcroît, là, c'est trop ! C'est vraiment chercher son malheur. Dominique Voynet est tout ça à la fois. La cible idéale ! Comme si Jospin l'avait placée là exprès pour recevoir les tomates pourries de tous les hargneux qui hurlent à la mort dans le sillage de sa politique.

Dominique Voynet a voulu faire la démonstration sur le vif que les agriculteurs sont des interlocuteurs valables, que seule une minorité d'entre eux saccage les ministères, fout le feu aux préfectures, balance des porcelets vivants sur les piques des grilles... N'est-ce pas ce qu'ils proclament eux-mêmes ? Les voyous ne seraient que des provocateurs payés par les grands trusts céréaliers. Donc Dominique Voynet est allée crânement promener son sourire casqué de blond dans le repaire même du fauve : le Salon de l'agriculture.

Étant donné la conjoncture paysanne actuelle, il fallait les avoir bien accrochées, les mamelles ! Ce fut pire que ce à quoi on pouvait s'attendre.

Que peuvent hurler des agriculteurs en colère à un ministre qu'ils estiment responsable de leurs déboires ? « Des subventions ! » ? « Non à Bruxelles ! » ? « Soutenez le bœuf français ! Le beurre français ! Le camembert français !... » ? Oui, mais, là, il s'agissait d'une femme. Alors on gueula, d'une puissante et unanime voix : « Salope ! » Avec quelques variantes : « Putain ! » « Pouffiasse ! » « Va te faire sauter par Cohn-Bendit ! »

Une femme, c'est bien commode, tout ce qu'on voudra. Ça dispense de se creuser la tête pour spécialiser l'invective. « Salope ! » vous vient tout de suite sous la langue. Le sexe prime tout, rejette la revendication d'origine dans l'accessoire.

Qu'elle soit ministre de l'Environnement, de la Santé, des Affaires étrangères ou même, quand cela se fera, présidente de la République, dès qu'on ne sera pas content on gueulera spontanément : « Salope ! » Les haut-parleurs dans les manifs meugleront « Salope ! » et « Va te faire niquer ! ».

L'avènement de la parité hommes-femmes sur les listes électorales, dès maintenant acquise, fournira de magnifiques contingents de salopes à vilipender. C'est le bon côté de la chose, et je me dis que si les sénateurs, ces machos d'autant plus machos qu'ils sont séniles, ont voté massivement pour le projet de loi, c'est parce qu'ils en ont aperçu cet aspect consolateur.

Dominique Voynet, donc, est allée s'offrir, bouc émissaire conscient et s'assumant, aux huées et aux projectiles des paysans en colère. Elle s'attendait au pire, elle ne fut pas déçue. Le pire du pire, l'apothéose, elle la reçut devant le stand de l'Office de la chasse, ce n'est pas une surprise.

Alors, je vous demande. Que vient foutre la chasse dans une manifestation vouée à l'Agriculture avec un grand A ? En quoi la chasse est-elle une activité agricole ? Parce que ce « sport » se pratique dans la verte nature ? Parce que les tueurs pour faire joujou « arpentent landes et guérets dans la rosée du petit matin » ? Qu'est-ce qu'il y a d'agricole là-dedans ? Le fait d'entretenir l'activité des fermes spécialisées dans la reproduction du gibier d'élevage qu'on lâche dans le paysage juste à portée de fusil ? Si la chasse est considérée comme une activité agricole, alors le football l'est aussi, puisqu'il se joue sur du gazon, de même que le golf des pépères. Et le vélo tout terrain, qui nécessite une forêt, des creux, des bosses. Et la cueillette du muguet, des champignons, et la promenade en famille au risque de se faire plomber le fondement... S'il suffit qu'une activité futile se pratique en plein air pour avoir droit au qualificatif d'agricole, avec les privilèges, passe-droits, subventions et arrogances y attachés, la liste est longue.

Dominique, ne te laisse pas abattre. Tu t'y attendais, ma grande. Attache ta ceinture. L'histoire montre que ce ne sont pas les masses cramponnées à la « tradition » stupide, mais bien les minorités éclairées qui font avancer les choses.

Amour courtois : le retour

Tristes vacances. Et plus tristes encore... Non seulement la pluie ravage le littoral et l'avalanche la montagne, mais ne faut-il pas, de surcroît, que, sadiquement, *Le Monde,* journal le plus lu dans les bistrots de la plage devant un grog tiède en attendant que ça se passe sans y croire vraiment, *Le,* donc, *Monde,* dis-je, pousse au suicide les pères de famille acharnés à se décrotter le mazout d'entre les doigts de pied en leur collant sous le nez, pleine page, les délices des mille et une nuits qui s'offrent aux célibataires, tant mâles que femelles, restés sagement à attendre le bonheur pas très loin de leur station de métro.

Car « *les lieux bénis de la séduction* » ne sont plus la plage et ses environs. Quels sont-ils donc ? *Le Monde* nous l'apprend, nous donne même des adresses, carrément. En vedette : le vieux BHV des banlieusards à tournevis perfectionné, le Bazar de l'Hôtel de Ville soi-même, mais oui. On y flirte, ai-je lu, comme dans un dancing chic aux temps du charleston. Surtout au sous-sol, rayon bricolage. La jolie femme qui tripote une chignole à double effet en se demandant par où ça se tient est en fait une grande sentimentale en quête de l'âme sœur, ne vous y trompez pas. Sachez déceler sa disponibilité et ne pas la décevoir.

Ayant lu cela, j'ai fait ce que vous auriez fait. J'ai couru au BHV, j'ai dégringolé l'escalier d'accès au sous-sol, et j'ai vu. Qu'elles sont belles ! Et longues ! Et minces ! Et pleines de jambes ! Et déçues par la vie ! Et prêtes à croire quand même au bonheur ! Et en telle quantité ! C'est bien simple : ça grouille. On choisit, on emporte.

Attention ! Pas la drague vulgaire avec le coup de reins à l'horizon. Rien d'aussi sordide. Le flirt, on vous dit. Notion bien oubliée en nos jours de distributeurs de préservatifs dans la cafète du lycée et d'IVG à quatorze ans... Si l'on y réfléchit, il était prévisible que le sexe sans mystère, le sexe pour le sexe, en vienne à susciter cette résurrection du sentiment sans aboutissement charnel, de la séduction yeux dans les yeux, de ces frôlements de mains, de ces frissons, de ces langueurs... Nulle lingerie intime à effeuiller, tout juste des jambes qui suggèrent, des décolletés à peine évocateurs. Tout dans la nuance, l'inaccompli, le « ce qui aurait pu être et ne sera pas ». Une femme qui flirte est une honnête femme. Dites-le bien à son mari. Le flirt, c'est cet amour sublime et dégagé des épaisses réalités de la chair que vouaient les preux chevaliers à la dame dont ils portaient les couleurs, si vous voyez ce que je veux dire. Alors ? Vous voyez ? Hum... Moi, hein, je vous le redis comme je l'ai lu.

Enfin, bon, je n'étais pas là pour mon plaisir, mais pour votre information. J'écartai donc – j'y eus du mérite ! – quelques dizaines de paires d'yeux de biche prolongées vers le bas par autant de paires de hanches frôleuses et me frayai comme à la hache un chemin rectiligne jusqu'au comptoir où officiait un mignon vendeur tout de vert vêtu, lui-même ne sachant où donner de la prunelle pour répondre au feu nourri d'œillades pathétiques auxquelles, tel un Christ cloué sur sa croix, il ne pouvait, figé sur place par l'austère devoir, se dérober.

Calepin en main afin qu'il se rendît bien compte que je ne l'interrogeais que par nécessité professionnelle et non mû par je ne sais quelle morbide soif voyeuriste, je lui posai quelques questions. À toutes, il opposa un silence absolu. Je finis par comprendre. Alarmée – à juste titre – par la publicité de mauvais aloi répandue sur son établissement par l'imprudent journaliste, la direction du magasin avait imposé à son personnel la loi du silence...

Mais trop tard ! Le mal était fait, le ver dans le fruit. Déjà, par tous les escaliers et les escalators s'engouffraient dans le sous-sol et se répandaient dans les allées, assiégeaient les comptoirs, s'emparaient de marteaux, de tenailles, de varlopes, de cligne-à-gauche, de fouille-au-trou, d'arrache-tringle et de divers instruments perfectionnés dont elles ne connaissaient visiblement pas l'usage et dont elles attendaient qu'un preux chevalier leur en dévoile les mystères, une horde de merveilleuses et de moins merveilleuses créatures féminines poussées à coups de pied au cul depuis leur Yougoslavie ou leur Ukraine natales par de sinistres compères qui, s'ils n'avaient pas lu *Le Monde*, se l'étaient fait traduire.

C'était à prévoir. Là comme ailleurs, le vil professionnalisme est accouru fausser le jeu. Le sous-sol du BHV est en train de se transformer en une vaste cabane de chantier, vous connaissez : ces constructions métalliques transportables, vouées en principe au rangement de l'outillage, en fait fort judicieusement utilisées par de vils proxénètes sans cœur qui y enferment une jeune personne généralement dépourvue de papiers et ne sachant dire en français que « fais vite, tes copains attendent », lesdits copains faisant la queue à l'extérieur et versant une obole à l'infâme exploiteur pour acquérir l'accès à un flirt rapide mais intense avec la jeune personne entre les deux bras d'une brouette.

Si le BHV, de par sa position de pionnier, se trouve incontestablement en vedette dans cette renaissance du flirt, il n'est cependant déjà plus le seul endroit propice. Il paraît – je n'y suis pas allé voir – que la Bibliothèque nationale, la toute grande, la toute belle, celle de Tolbiac, offre un climat propre à faire s'épanouir le flirt intellectuel, cette orchidée de serre. Les yeux studieusement baissés sur les grimoires glissent, à l'abri des longs cils, des regards coulés à droite et à gauche, puis les pieds se cherchent, les livres tombent... Que d'empressés ramassages se font le cœur battant ! Hélas, en ces lieux aussi, puisque désormais la chose est connue, attendez-vous à voir surgir l'invasion du flirt tarifé. Car rien n'échappe à l'argent, hélas, triste époque.

Mais votre insatiable appétit d'apprendre veut davantage. Fort bien. J'ai fait une enquête. La tour Eiffel aux cuisses larges ouvertes est d'un assez bon rapport, si vous aimez la Japonaise impubère et si ne vous rebutent pas les gosses criards et les voyages organisés troisième âge. Notre-Dame mérite une mention spéciale. Une véritable mine d'or ! Tout là-haut, sur les tours, elles ont le vertige, les gargouilles leur font peur, elles poussent de petits cris, ou bien, pâles et muettes, s'appuient au parapet et se passent sur le front une main délicate. Je cite pour mémoire les statues qui ne demandent qu'à être expliquées – peu importe l'explication –, les naïfs chapiteaux bravant l'honnêteté, l'ombre douce des confessionnaux, l'eau bénite qui s'offre à être offerte...

Les bateaux-mouches sont paradoxalement d'un assez maigre rapport : ils sont surtout fréquentés par des couples besogneux se payant une illusion de Venise en crachant dans l'eau des os de poulet. (On y bouffe, oui. Mal.) L'Assemblée nationale, par contre, n'est pas à dédaigner. Un député mâle ou femelle (suivant votre sexe et vos goûts) qui bâille pendant le discours du ministre, voilà qui peut être interprété comme un vide sentimental à combler. Jean-Pierre Chevènement aurait en ce moment, me suis-je laissé dire, un grand besoin de réconfort sur une poitrine compréhensive.

Citons en vrac les Catacombes, le Louvre, la préfecture de police, le Père-Lachaise, le métro aux heures de pointe, les serres du Jardin des Plantes et, bien sûr, les grands magasins (ils ont tous un rayon bricolage), avec mention spéciale pour le Bon Marché, où l'on trouve de la bourgeoise un cran au-dessus, la proximité des salons feutrés de l'hôtel Lutétia n'étant pas à dédaigner.

Le Monde conseille aussi le roller. Pourquoi pas ? À condition de savoir se casser la gueule à bon escient et que la dame élue de votre cœur ait l'âme secouriste.

Dominique, ma grande, aime ceux qui t'aiment !

Ils te haïssent, Dominique. Ils te haïront toujours, quoi que tu fasses. Leur offrirais-tu des lâchers de gros gibier dans les rues des villes de France avec permission de tirer à vue, ils te haïraient. Tu es un symbole, vois-tu. Le symbole de l'intransigeance. Même si, en fait, tu es tout le contraire. Tu as beau céder et céder, ils prennent avidement ce que tu lâches et nourrissent leur haine de mépris pour ta faiblesse. Tu es la figure symbolique de l'anti-chasse, c'est cela qu'ils veulent haïr en toi. Les anti-chasseurs, eux, sont intransigeants. C'est leur intransigeance, à eux, bien réelle, celle-là, dont on te charge les épaules. C'est eux qu'on hait à travers toi. Tu es arrivée porteuse du message des Verts, message dont l'essentiel est le respect de la vie et l'horreur de tuer pour s'amuser. À un tel message il ne pouvait être répondu que par la haine irrationnelle, enragée, des amoureux de la mort du dimanche. Quoi que tu fasses, encore une fois, tu es le symbole, tu es la cible.

Alors, haïe pour haïe, ne les ménage pas, Dominique ! Ne lâche pas tes amis pour faire risette à tes ennemis. Tes amis sont déçus, désespèrent de toi, tes ennemis rigolent, te pissent dessus, fêtent chacun de tes abandons comme une victoire arrachée à la gueuse.

Je sais. Ce n'est pas facile. Nous sommes dans un pays paradoxal, le seul pays d'Europe dont le peuple soit prêt à foutre en l'air les institutions et la République elle-même si l'on évoque la possibilité de réduire si peu que ce soit l'exercice de son plaisir à tuer.

L'Europe vote des directives, non dans le dessein de brimer gratuitement les chasseurs, mais dans celui, tout au contraire, de réglementer les périodes permises à la chasse afin que le gibier puisse se reproduire, donc dans l'intérêt même des chasseurs. L'Europe s'y plie volontiers, sauf la France. La France veut chasser à sa guise, n'importe quand, n'importe comment, quitte à saccager les populations de gibier, quitte à ruiner l'avenir même de la chasse.

La chasse, en France, est une passion. Les chasseurs le proclament comme une justification, comme un titre de gloire : « Nous, c'est notre passion ! » L'usage imbécile du mot « passion » par les médias et par la publicité fait une fierté de ce qui devrait être un aveu d'infériorité. La passion est le contraire absolu du raisonnement, de la pensée élaborée et constructive. On subit une passion, on essaie d'en contrer les effets néfastes par le raisonnement logique et pondéré. Une position réfléchie s'explique. Une passion se braille.

Il te fallait à tout prix faire voter la loi sur la chasse, loi bien pâle, mais enfin loi existante, timide début. Tu ne l'as pu qu'en concédant d'avance de telles possibilités de dérogations que cette loi était vouée à l'incapacité. Ces dérogations, elles viennent de paraître à l'*Officiel*, en violation insolente des dispositions sur la chasse de l'Assemblée européenne. La France fait partie de l'Europe, les lois de l'Europe ont le pas sur celles de la France, qui ne peuvent donc pas leur être contradictoires. Nous assistons aujourd'hui à ceci qu'une loi est violée, non par des malfaiteurs furtifs ayant délibérément opté pour l'illégalité, mais par une instance nationale opposant sa légitimité locale aux instances qui lui sont supérieures de par un accord librement accepté.

Quand la loi est violée, il y a enquête, et puis jugement. Quand la France viole, l'Europe juge. Et condamne. La France, depuis longtemps condamnée pour ses multiples violations des lois et directives européennes sur la chasse, sera encore condamnée. Et paiera. De très lourdes amendes. Seront-ce les chasseurs qui les paieront ? Bien sûr que non. Ce sera le contribuable non chasseur (plus de cinquante millions pour un million et demi de chasseurs). On aimerait savoir à combien se montent les amendes que nous payons effectivement pour délits de chasse abusive.

Dominique, tu n'avais rien à perdre à envoyer se faire foutre les assassins du dimanche. Ton ministère, peut-être ? Et alors ? Le prestige, la crédibilité des Verts en eussent été renforcés. Alors que te voilà empêtrée dans des manœuvres tristement politiques, des renvois d'ascenseur et des marchés sordides où chacun veut rouler l'autre... Je sais, je parle comme un enfant. Je suis un vieil enfant. Les municipales sont là demain. Il faut être réaliste. Jeter du lest. S'asseoir sur les convictions, sur l'idéal. S'allier à Machin sans quoi Dutruc passe. Le moindre mal. Demain, on rase gratis... En attendant, tombent par milliers les palombes, tombent les huit espèces de migrateurs dont le meurtre en masse vient d'être permis par toi.

Pour moi, dans ma naïveté de vieux môme qui a oublié de grandir, c'est une déception de plus. On ne peut donc rien faire en dehors des combines de Café du Commerce ? Tout élan, toute révolte doivent donc se diluer dans les marécages politicards ? Les plus grandes gueules (on ne peut même pas, ici, dire « le plus grand nombre ») auront donc toujours le dernier mot ?

Parlez-leur vache folle, danger (très aléatoire) pour leurs petites gueules, c'est aussitôt la grande panique, le branle-bas de combat, tout le monde sur le pont, l'exode si seulement on savait où aller, où sont les responsables, on veut des têtes... Ils voient, sous leur nez, par un joli matin frisquet, prendre son envol ce triomphe de beauté, ce bonheur à pleurer de joie qu'est un colvert s'arrachant à l'eau (je dis colvert, il y en a tant d'autres !), leur réflexe immédiat, c'est : « Ousqu'est mon fusil ? »

Je m'arrête. Je vais finir par dire des insanités dans le genre « Les animaux ont le même droit à la vie que les humains ». Et, pour peu que l'émotion me gagne, je risque d'ajouter : « ... et ils sont tellement plus beaux ! »

Ce ne serait évidemment pas le meilleur moyen pour défendre une cause bien mal partie. L'homme est le plus beau, puisque Dieu l'a fait à Son image. L'animal n'est qu'un objet, l'homme a sur lui tous les droits, Dieu l'a dit et le pape l'a répété il n'y a pas longtemps.

Dominique, envoie-les se faire tartiner leur caviar sur les miches ! Verts, redevenez des voyous, emmerdez les notables, n'allez pas roter leur champagne dans leurs colloques ! Verts, faites que je recroie en vous !

Tu veux t'appeler comme papa ou comme maman ?

Dans la série « Les petits cadeaux qui ne coûtent pas cher et qui mettent tout le monde d'accord », l'Assemblée nationale a voté dans l'enthousiasme la possibilité qu'un individu puisse ne plus porter automatiquement le nom de famille hérité de son père, ainsi qu'il était d'usage en France depuis quelque chose comme un millénaire, mais qu'il ait la possibilité de porter le patronyme (si j'ose dire, si je n'ose pas, je dirai : matronyme) légué par sa maman.

Fantastique révolution. Revanche féministe. Ce que j'en pense ? Eh bien, si je m'écoutais, je classerais ça dans les brèves de Charb, au bas de la colonne, sous la rubrique « On s'en fout ». Tout ce qui est symbolique est dérisoire, et là, nous sommes en plein symbole.

Et d'abord, qui décidera ? L'enfant ? À mon avis, ce devrait être lui, au nom de la liberté de disposer de soi-même. Mais l'enfant, au moment réglementaire de la déclaration devant l'officier de l'état civil, n'est pas en mesure d'exprimer une opinion sur cette grave question qui engage sa vie entière. Alors, les parents ? Cela va de soi, et même la loi les y oblige. Espérons qu'ils seront d'accord. Sinon ? Sinon, ils se crêperont le chignon devant monsieur le maire, son adjoint ou l'employé municipal, et ça se terminera par un compromis chèvre-chou : le nouveau membre de la grande famille humaine portera un nom double, avec trait d'union au milieu. C'est une promotion sociale, car jusqu'ici les patronymes à charnière étaient l'apanage glorieux des familles appartenant à l'aristocratie des parvenus de l'industrie et tenant à ce que cela se sache.

Ce n'est en tout cas pas un pas vers la liberté. Tout juste une revanche, assez mesquine, de la féminité trop longtemps tenue sous le boisseau. Il est d'autres domaines, beaucoup plus essentiels, où j'aimerais voir triompher les femmes. Par exemple sur l'égalité de rémunération à compétences et travail comparables, sur l'accessibilité aux grades supérieurs des hiérarchies professionnelles, entre autres. J'aimerais aussi les voir s'attacher à la suppression des abus du code dit « Napoléon » (en réalité élaboré par la Convention robespierriste, qui n'a pas eu le temps de l'achever, et dont le Bonaparte s'est sans vergogne attribué la paternité alors qu'il n'a fait que le modifier dans un sens résolument réactionnaire, en faisant un instrument au service de la famille aux dépens de l'individu, rejetant les femmes dans l'inexistence civique et les réduisant à l'état de mineures perpétuelles... S'il avait osé, il aurait rétabli le droit d'aînesse, le petit Corsico mégalo !).

Remarquons au passage que le nom de famille porté actuellement par la future mère, ce nom qu'elle tient à transmettre comme sa marque à elle, porteur de sa féminité revendicative, elle le tient de son papa, qui lui-même, etc. C'est donc l'aboutissement masculin d'une longue lignée masculine qu'elle transmet. Comme quoi la symbolique s'emmêle les pieds et se mord la queue, c'est d'ailleurs tout ce qu'elle sait faire.

Alors ? Féminiser le nom ? La fille au père Dupont appellera son fils Duponte (ou de la Ponte ?), pour bien qu'on sache que c'est elle qui transmet, et non son partenaire coïtal ? Mais tous les patronymes ne se prêtent pas à féminisation ! Si Boulanger peut faire Boulangère, que fera Cavanna ? C'était juste un intermède comique. Reprenons notre sérieux.

La vraie de vraie liberté pleine et entière serait que chacun choisisse son nom de famille (qui, du coup, ne serait plus un nom de famille) lorsqu'il serait en âge d'appréhender ces choses en pleine conscience. Évidemment, ça pose problème. C'est toujours le cas, avec la liberté : difficile à gérer dans la pratique. Dans le milieu (au sens « milieu ») des années trente, la chose existait et se faisait pour ainsi dire toute seule, à la satisfaction des intéressés. Julot les Dents Blanches n'avait pas reçu ce blase à la naissance, soyez-en assuré, pas plus que Dédé des Batignolles, Gégène la Sulfateuse ou Nanard la Scoumoune. Pourtant, ça fonctionnait, on ne confondait pas.

Je propose donc que les enfants portent un numéro jusqu'à ce qu'ils soient en âge de se choisir un nom (qui pourrait être un surnom), âge déterminé par la loi. Je propose ça sans illusion, dans un pays où sa religion future est imposée au nouveau-né par le baptême, la circoncision ou toute autre magie symbolique à la con. Chacun croit avoir choisi son dieu et s'y cramponne dur comme fer alors qu'il aurait suffi qu'il naisse de l'autre côté de la rue, chez les Cohen ou chez les Mustapha, pour être prêt à tuer et à se faire tuer pour le bon dieu d'en face... Alors, choisir son nom, pensez !

Les malfrats des années Gabin avaient tout simplement réinventé le processus naturel et spontané de formation des noms de famille : le surnom. Le haut Moyen Âge ne connaissait que le prénom, auquel on ajoutait « fils de tel ou tel » dans un effort de précision. Dans la suite, le métier, le lieu, une particularité physique aidèrent à situer tel Pierre ou tel Paul : Marchand, Dubois, Bossu, Leroux... Peu à peu, cela passa de père en fils, même si le fils lâchait le métier, n'habitait plus dans le bois, s'était redressé ou avait les cheveux noirs, ce qui est idiot : s'appeler Boiteux quand on marche droit, hein... Nos malfrats, plus avisés, réservaient le surnom qualificatif à l'individu qui le justifiait. Le fils de Pierrot les Belles Miches s'appellerait, disons, Émile les Bretelles (pour autant qu'avec un tel blase Pierrot eût jamais un fils, j'aurais dû réfléchir avant de choisir mes exemples).

Les héritiers d'un homme célèbre pour ses talents ou pour son héroïsme ont, depuis longtemps, obtenu le droit de conserver le patronyme fameux, associé au nom réglementaire si la descendance s'est faite par les femmes. C'est ainsi que nous avons l'immense avantage de côtoyer des Pasteur-Machin, des Picasso-Lajoie, des Van Gogh-Pinçasucre, des Mitterrand-Jocrisse... afin que nul n'ignore que le gougnafier qui vous vend une voiture d'occasion a dans les veines du sang de l'illustre. Curieusement, je n'ai jamais rencontré de Landru-Sacavin, de Papon-Lemplumé... Ce sont pourtant des noms ayant eu accès à la célébrité.

Un détail : pour ne pas compliquer outre mesure les conséquences, le projet de loi précise que les enfants nés de même père et mère devront porter le même nom. Et voilà ! Tout de suite l'injustice. Seul le premier-né aura bénéficié du libre choix, puisque ce premier choix devient déterminant pour les suivants.

On aura toujours la possibilité d'accoler le nom du

père à celui de la mère, et de transmettre tout le paquet, trait d'union compris. Pariez que nous verrons surgir des tas de noms doubles, et que même ça deviendra la règle. C'est tellement plus chic ! Mais pourquoi s'arrêter là ? Un Poussunpeu-Lescarpolette qui épouse une Passihaut-Jaimalaucœur concevra une progéniture qu'aucune loi française ne pourra dissuader d'accoler les quatre machins avec un trait d'union de plus... Encore une génération et nos sens charmés enregistreront une Paulette Poussunpeu-Lescarpolette-Passihaut-Jaimalaucœur-Vafairça-Dantacour. Le bonheur.

Prochaine initiative : supprimer de la grammaire française le genre féminin, dont la seule existence est une marque d'infériorité, une insulte permanente à une moitié du genre humain. Le M.L.F., au temps de sa bouillonnante activité, voulait supprimer le masculin. Ça se discute. Émasculer les mâles ou viriliser les femelles ? Bon sujet de discussion quand on ne sait plus quelles conneries raconter.

La Sainte Vierge
et le chauffard bourré

À partir de quel moment précis un embryon humain peut-il être considéré comme un être vivant à part entière ? Cette question apparemment aussi futile que la détermination du sexe des anges n'est en fait nullement anodine puisqu'elle constitue l'argument massue des vaillants croisés de « Laissez-les vivre ».

Notez bien que j'ai écrit embryon « humain ». À quel moment un embryon animal a-t-il droit au statut de chat, de chien, de chèvre ou de girafe ? Aucune importance : ces bestiaux acquièrent peut-être la faculté de marcher, de miauler, de beugler et de rapporter la baballe, ils n'accèdent en tout cas à aucun instant à la possession d'une âme en état de marche, accessoire essentiel pour sortir de la condition d'objet plus ou moins doué de mouvement et entrer dans la glorieuse phalange des êtres vivants au plein sens du terme : les humains. Puisqu'il s'agit d'âme, organe dont la définition, la description et l'énoncé des propriétés échappent à l'examen des instruments couramment utilisés par l'anatomie et la physiologie, fussent-elles pathologiques, et ressortissent d'une science toute spéciale : la théologie.

À la question posée au premier paragraphe (relisez,

s'il vous plaît), la théologie n'hésite pas. Elle répond d'un trait, au garde-à-vous : « Dès la conception du nouvel être ! » C'est-à-dire à l'instant même où le spermatozoïde de papa (aucune raison de douter de la fidélité de maman) force son chemin à coups cruels de sa dure petite tête en pointe d'ogive dans la tendre enveloppe de l'ovule de maman (ou de la secrétaire ambitieuse, papa est plus exposé aux tentations, de par son dur métier).

La théologie, donc, apporte une réponse péremptoire qui clôt le débat, ou plutôt le supprime. Seulement la théologie est une science qui, au contraire des autres sciences, exige de la part du pratiquant l'adhésion à une condition qu'ignorent lesdites autres sciences. Son objet étant l'étude des caractéristiques d'un être hypothétique nommé par elle « Dieu » et défini par elle dans toutes ses propriétés, il va sans dire que la pratique de la théologie et l'application de ses principes à notre conduite dans la vie ne peuvent se faire sans notre adhésion préalable à l'existence de cet être, laquelle, à partir de là, cesse d'être hypothétique. Relisez lentement ce paragraphe.

La notion de Dieu varie suivant les peuples, et même à l'intérieur des peuples. Autant d'idées de Dieu, autant de théologies. Nous dirons par conséquent que la notion de théologie est toute relative, et donc ses préceptes aussi.

Les individus qui acceptent sans angoisse les préceptes de la variété de théologie en usage dans leur coin de cambrousse sont désignés par le vocable « fidèles ». Ceux qui ne sont pas contrariants et font comme tout le monde mais faut pas pousser s'appellent des « baptisés mais je pratique pas ».

Ceux qui refusent catégoriquement de faire passer la théologie avant tout le reste, c'est-à-dire de « croire » (retenez ce mot) avant de commencer à penser, sont des athées, des impies, des incroyants, des agnostiques, des trotskistes, des anars, des pédophiles, des anormaux, des fumiers, des ordures, au bûcher l'infâme, choisissez l'expression qui exprime le mieux votre état d'âme du moment.

J'en suis encore au préambule. Je vais, une fois de plus, me cogner au bas de la colonne avant d'avoir abordé l'essentiel du sujet. On s'y met. C'est de l'actualité. Une anecdote, mais qui rallume, comme dit *Le Monde*, les passions. Un chauffard bourré démolit une voiture où, entre autres, se trouve une dame enceinte. Personne ne meurt. Le fœtus, écœuré, renonce à poursuivre l'expérience. La future maman, dès lors frustrée dans ses espérances, porte plainte : homicide involontaire. Procès. En fin de parcours, la Cour de cassation décide que le fœtus n'est pas une personne, et que donc il ne saurait y avoir homicide, volontaire ou non. Il y a blessures et traumatisme moral causés à la dame, d'accord, mais c'est tout.

Nous sommes amenés à conclure que la Cour de cassation est composée dans sa majorité d'individus appartenant aux catégories « baptisé mais faut pas pousser » et « athées, anars, etc. ».

Vous pensez bien que ceux de la première sorte, les « fidèles à tout crin » et leur fer de lance, les croisés de « Laissez-les vivre », ne vont pas en rester là. Déjà, ça hurle de partout.

Bien sûr, derrière tout ça, il y a la sordide chasse aux dommages et intérêts, pratique venue d'Amérique qui se répand activement chez nous, propulsée par des cabinets d'avocats au dynamisme sans scrupule. On repère accidents, conflits, erreurs, retards, on va trouver les « victimes », on les pousse à attaquer, si ça marche on « fait » cinquante-cinquante... D'où les précautions inouïes (et chiantes pour l'usager) que prennent désormais les hôpitaux avant tout acte médical, obligeant le patient à signer d'avance la renonciation à toute requête en cas de pépin !

Revenons à notre embryon décroché. La Cour de cassation a statué qu'il *« ne peut y avoir homicide qu'à l'égard d'un enfant dont le cœur battait à la naissance et qui a respiré »*. C'est poser qu'il n'y a individu caractérisé qu'à partir du moment où le nouveau-né est séparé de la mère et doué d'autonomie physiologique. Jusqu'à ce moment, tout dommage causé au fœtus n'est qu'un traumatisme infligé à la mère.

Le verdict fut rendu malgré l'opposition acharnée de l'avocat général, lequel affirmait que *« dénier à l'enfant à naître la qualité d'être humain serait créer un vide juridique »* (*Le Monde*).

« L'enfant à naître »... Ne cherchons point. L'avocat général appartient à l'espèce numéro un, celle qui commence par consulter la théologie avant de se mettre à réfléchir. Pour lui, l'enfant à naître est déjà né. La conjonction spermatozoïde-ovule a délivré l'acte de naissance. C'est son droit. Tant qu'il ne s'agit que d'opinion, chacun caresse la sienne. Chacun peut croire en Dieu, celui-là ou un autre, chacun peut croire aux astres de madame Teissier, à la Vierge de Lourdes, aux lignes de la main, au Bouddha, à Allah, à Yahvé, au Mandarom ou au marc de café. Et rester dans son coin à déguster son surnaturel favori... Et non ! Car Dieu, Bouddha et le marc de café prétendent à l'universel. Il n'y a qu'une vérité, chacun la détient, tous les autres errent.

« Celui qui croyait au ciel, celui qui n'y croyait pas... », scandait, je crois, Aragon. Oui, mais, celui qui croit au ciel, même s'il tolère, bien forcé, que les autres n'y croient pas, prétend régenter la société au nom de ce ciel à quoi il croit. Ingénument, il fait passer la théologie avant la justice. Sa variété théologique à lui décrète que l'être humain – cette « étincelle divine » ! – existe

dès la conception. Pourquoi pas depuis le premier échange de regards consentants ? (Comme quoi les talibans ont bien raison d'ensevelir leurs femmes vivantes !)

« C'est Mozart qu'on assassine ! » Qui nous prouve que le fœtus expulsé n'est pas en effet un futur Mozart ? Je dis Mozart comme ça, c'est ce qui se dit... Ou le futur génie qui aurait sauvé la planète et fait régner le bonheur ? C'est en fonction de cela que doivent être calculés les dommages-intérêts. La dame de l'auto, si elle n'avait été déboutée, aurait pu taxer le soûlard coupable au taux du kilo de Mozart. Ou d'Einstein. Ou de Johnny Hallyday. Ça dépend de l'idée qu'elle se fait du génie.

Un arrêt de la Cour de cassation, voilà qui fait jurisprudence, j'espère ! Ne nous réjouissons pas trop vite. La théologie n'a pas dit son dernier mot. Les cabinets d'avocats non plus. Tuer un homme par accident de la route, ça se règle entre assurances. Un peu de pénal, à la rigueur, s'il y a faute. Provoquer une fausse couche n'est pas prévu par le Code de la route. « Homicide par imprudence », c'est les assises, c'est les dommages-intérêts faramineux ! Maris indignes, donnez des coups de pied à vos épouses tant que vous voudrez, sauf dans le ventre. Vous pourriez décrocher un fœtus, et ça, ça pourrait coûter cher. Votre femme, après tout, a peut-être mérité sa raclée, vous savez comment elles sont, elles vous poussent à bout, et total... Coups et blessures, c'est de la peccadille. Mais le fœtus, ce petit être innocent et pur, ce futur Mozart... Ce futur Jésus ? Imagine la Sainte Vierge victime d'un chauffard bourré !

Ôte la pub,
laisse la fille !

Voilà qu'ils veulent « moraliser » la publicité ! Qui ? Le gouvernement, poussé par les associations de femmes, avec les applaudissements de mes petits camarades d'ici même, parfaitement !

« Moraliser », ça veut dire en bannir les images affriolantes de ces déesses à poil ou – mieux ! – habilement déshabillées qu'il nous est impossible de ne pas voir, triomphantes, radieusement ou salacement souriantes, partout où nos yeux se portent, murs, télé, devantures des kiosques, emballages... Dussé-je me faire incendier – ça ne manquera pas –, je dis : « Pas d'accord. »

À bas la pub, oui ! Toute la pub, sous toutes ses formes ! À bas ce bariolage, ces tonitruances, cette invasion obsessionnelle de tous nos instants, de nos intimités, de nos pensées, par l'imbécile besoin, non pas de vendre, mais de vendre PLUS, sans cesse plus, qui fait de nous des zombies décervelés dont la seule raison d'être tolérés sur terre est de consommer. Battons-nous contre le hideux pourceau, vous me trouverez au premier rang, comme toujours... Mais qu'est-ce que ces chipotages ? Les soutiens-gorge sont trop évasés ? La dentelle laisse deviner la raie des fesses ?

L'attitude est trop lascive, le sourire trop prometteur ? Que voulez-vous donc ? Qu'on ferme un bouton du corsage ? Qu'on rallonge la jupe ? Que la fille vous tire une tronche de bonne sœur enseignant le catéchisme ?

La dignité de la femme, paraît-il, est foulée aux pieds, traînée dans la fange, par cette utilisation mercantile de ce qu'elle a de plus charmant. C'est donc ça ? Ce n'est pas le fait publicitaire lui-même, le harcèlement imbécile, qui vous révolte ? Vous acceptez de vous laisser emmerder pourvu que le harcèlement reste « correct », au sens cul pincé du mot ? Ne comptez pas sur moi, camarades ! On fout tout en l'air ou rien.

La publicité est néfaste dans son principe même, pas dans ses façons de faire. Ça me fait penser aux bons apôtres qui veulent humaniser la guerre ! « Humaniser », salauds ! D'abord, la guerre est l'horreur absolue, « humanisée » ou pas, ensuite, une fois lâchée, va l'humaniser, toi ! La guerre se fout des traités, des restrictions et du fair-play ! Gagne-la, après coup tu décideras qui fut le salaud, qui employa des méthodes « inhumaines ». Prétendre réglementer le calibre des mitrailleuses, la puissance d'éparpillement des mines antipersonnel ou le nombre de calories de la ration des prisonniers de guerre, c'est se faire plaisir à l'âme, c'est se détourner du problème essentiel, c'est implicitement reconnaître que la guerre est un phénomène social normal, officiellement reconnu, une façon régulière de régler les problèmes, et qu'il importe seulement de veiller à ce que des tricheurs ne salissent pas son noble caractère en usant de méthodes réprouvées.

Le parallèle est abrupt, sans doute, mais j'y tiens. Reprocher à la pub de nous montrer des porte-jarretelles, quelle dérision ! Et je vais te dire. Si, pour me vendre une Cocotte-Minute, une bagnole ou une croisière, la vieille pute me pousse sous le nez une ravissante pleine de jambes à n'en plus finir, assorties d'une paire de nibards savamment mis en valeur, le tout surmonté d'un sourire céleste bien que mercantile, compte sur moi pour en profiter ! Pour en profiter doublement, car en même temps je me dis : « Merci, vieille vache ! C'était bon à prendre. Quant à ta bagnole superbe, à ta marmite si tant perfectionnée, à ta croisière de merde avec un tas de cons, tu peux te les carrer là où ça se carre ! »

Je ne comprends d'ailleurs pas comment l'étalage de ces splendides allumeuses peut conduire à l'achat. Il faut croire que ça marche, puisqu'ils le font, or ça coûte cher. Tu vois un cul d'impératrice, réflexe : tu cours t'acheter la bagnole ? Ah, bon... Paraît que c'est de la psychologie de connard, ça s'apprend dans les écoles spécialisées dans le fonctionnement des cerveaux standards, le « marketing », ça s'appelle. Mais, bon dieu, fais comme moi : mate la poule tout ton saoul et moule un bras d'honneur au marchand de merde !

Humiliant pour la dignité de la femme ? Elles ont la dignité mal placée, alors, les chéries. En ce moment, il fait chaud, très chaud. Tu t'assieds à une terrasse devant un demi, tu vois défiler la plus somptueuse collection de semi-nudités féminines (et quand je dis « semi »...) qui se puisse rêver. Oh, qu'elles sont belles ! Oh, que de chair ! Oh, que fraîches, que roses, que pâles, que dorées, que noires, qu'appétissantes ! Oh, que diverses, oh, que déesses ! Alors, censeurs, elles sont déshonorées ? Humiliées ? Je te jure qu'elles le trimballent fièrement, leur popotin glorieux, qu'elles nous le promènent sous le nez, parfaitement conscientes de l'effet produit, l'œil brillant, le sourire en coin, vraies petites bonnes femmes de Wolinski ou de Cabu.

Et qu'elles ont donc raison d'être belles, et de le savoir, et de nous faire profiter de leurs trésors, même si l'on n'en a que la vue, ce qui est déjà beaucoup !

Mais, objecte le censeur, elles ne se font pas payer pour ça ! Voilà, voilà... C'est là que gît le déshonneur. Les filles de la pub sont salariées pour être belles. Intolérable ! Tout juste si tu ne les traites pas de putes, censeur. Et les girls du Lido, du Moulin-Rouge, des Folies ? Qui valorisent leurs culs divins par des plumes d'autruche ? (Ça, par contre, je ne pardonne pas. Laissez leurs plumes aux autruches, chéries, votre cul se suffit à lui-même.) Et sur la plage, censeur, n'est-ce pas ta femme à toi, ton épouse sacro-sainte, que je vois exhibant en toute innocence des seins assez coquins, ma foi, tout en donnant la main à tes enfants de censeur ?

« De censeuse », dit le censeur. C'est pourtant vrai. Le censeur est censeuse. « Jalouse ! » lui réponds-je. « Parfaitement ! » grogne-t-elle. « Pourquoi toujours des filles, et bien bandantes, pour vendre n'importe quoi, depuis la lessive jusqu'aux cuisines clefs en main, et jamais des beaux mecs ? Tout pour les mâles, rien pour nous ! Sauf le camembert, c'est toujours un moine. Un gros moine bavant de gourmandise, couperosé, nez rouge... Une dégueulasserie. Pourquoi pas du sexy, pour nous ? »

Je lui aurais bien répondu que je ne vois, pour ma part, aucun inconvénient à ce que la bagnole soit présentée par un beau gosse en slip léopard, voire sans slip, mais les règles du marketing sont formelles : ça ne fait pas vendre. La libido de la femelle d'homme ne fonctionne pas comme ça. Par contre, les bébés mignons, les sales gosses dégourdis, ça marche. C'est bien pourquoi on en voit de plus en plus, hélas. J'aime mieux leurs mamans ou leurs grandes sœurs, mais bon, pas chien, je veux bien partager. Moitié gonzesses, moitié chiards.

Les bébêtes, aussi, ça déclenche le réflexe. J'ai rien contre. Sinon ceci : que les adorables chatons de la pub pour la pâtée en boîte multiplient les achats de chatons. Et, conséquemment, les abandons. Les femmes sont mieux protégées : on ne peut pas les acheter et puis les foutre à la S.P.A. si elles pissent au lit.

Chiennes de garde, mes sœurs, vous le savez, je suis de tout cœur avec vous. Je vous veux égales aux hommes en tout, et même supérieures quand c'est le cas. Mais là, vous déconnez. Laissez l'obsession du cul aux talibans. Ne voyez pas mépris, rabaissement, humiliation là où il n'y a qu'exploitation commerciale salariée. L'humiliation, le mépris, ne sont pas là, mais dans le fait publicitaire lui-même, qui vous rabaisse, vous comme nous, à n'être que des cochons de payants, qu'on séduit en chatouillant leurs instincts les plus spontanés (et pas seulement la libido), qu'on manipule à coups d'effets de mode, de camelotage, et dont on rabaisse la vie à n'être qu'un mur surchargé d'affiches hurlantes.

À bas la pub ! Vive les femmes ! Vive nous !

P.-S. Quel plus cynique exemple de goujaterie : on te présente une belle fille, salope comme tout, l'air de tout promettre, et puis au dernier moment on l'escamote et tu te retrouves devant une bagnole ! C'est pas de la frustration, ça ? Crois-tu que si les femmes s'achetaient au supermarché, on t'allécherait avec une bagnole pour, au dernier moment... ?

La vengeance du mort vivant

L'enfant qui n'aurait pas dû naître se rend compte un jour qu'il est né quand même. Il n'est pas comme les autres enfants, c'est bien pour ça qu'il n'aurait pas dû naître. Il ne comprend pas bien les choses. Le peu qu'il comprend, il le comprend lentement. Les autres enfants se moquent de lui, ou, s'ils sont moins méchants, l'évitent, ou, s'ils sont très gentils, sont gentils avec lui d'une gentillesse qui lui donne encore plus envie de pleurer.

L'enfant se rend compte qu'il n'est pas comme les autres enfants, qu'il ne le sera jamais, parce qu'il lui manque quelque chose, il ne sait pas quoi, il sait juste que ça lui manque.

L'enfant qui n'aurait pas dû naître est malheureux. Il devine peu à peu pourquoi : parce qu'il est né alors qu'il n'aurait pas dû. C'est une fatalité. Il y en a qui viennent au monde pour être heureux, d'autres pour être malheureux. C'est comme ça. Heureusement, il naît beaucoup plus d'enfants destinés au bonheur que d'enfants voués au malheur, c'est ce qu'il constate, mais ça ne le console pas, parce que lui, pas de chance, il est du petit nombre, le pas bon.

Et voilà que cet enfant-là, celui qui n'aurait pas dû,

oui, apprend que s'il est né quand même c'est la faute à quelqu'un. Quelqu'un qui n'a pas fait ce qu'il aurait dû faire, ce qu'on attendait de lui, qui était de signaler à sa maman, lorsqu'il se trouvait recroquevillé dans son ventre, que l'enfant qu'elle portait ne devrait pas naître, ou alors ce seraient de grands malheurs, l'enfant dans le ventre portait la marque de la fatalité.

Que s'était-il passé ? Ce quelqu'un – donnons-lui son titre, même s'il le porte bien mal – ce docteur, au lieu de regarder attentivement dans le ventre maternel avec son truc magique à déceler les enfants qui ne doivent pas naître – donnons-lui son nom, même s'il était de second choix – dans son, donc, appareil à échographie, laissait-il traîner ses regards, en même temps que sa main, vers les rondeurs de la mignonne petite infirmière ? Avait-il trop bu et trop peu dormi la nuit précédente, lors de la fête de l'internat ? Avait-il décidé de laisser l'enfant vivre quand même, histoire de rigoler un peu quand les heureux parents se retrouveraient avec ce ratage sur les bras ? Qui pourrait le dire ? Toujours est-il que l'enfant qui n'aurait pas dû naître est né.

Et apprit un jour – jour de ténèbres ! – à qui il devait de vivre, si l'on peut appeler cela « vivre ».

Il sut que sa douce maman, qui éclatait en sanglots chaque fois qu'elle ne pouvait éviter de le regarder, n'était pour rien dans son malheur. Eût-elle su qu'elle eût agi. Fait ce qu'il fallait faire. Mais voilà, elle n'avait pas su. Pas à temps. Le – pouah ! – docteur à l'échographe ne lui avait rien dit. Il y avait donc un responsable à son malheur, un terrible coupable : le – pfui ! – docteur.

L'enfant comprit ce qu'il avait à faire. Dénoncer le coupable, le traîner devant les tribunaux, réclamer que justice soit faite, c'est-à-dire que des sous lui soient versés, à lui, mort raté à qui on avait volé sa mort. Beaucoup de sous.

Il y a une justice. Le tribunal donna raison à l'enfant. Il reconnut que la vie qui est la sienne ne le satisfait pas, qu'il préférerait être mort ou, plutôt, n'être jamais né, et que, en l'obligeant à vivre malgré son désir, le – beuark ! – médecin responsable avait commis un assassinat à l'envers.

Je ne vous raconte pas cette triste histoire qui finit bien – beaucoup, beaucoup de dommages-intérêts – pour remettre en cause le droit à l'avortement, mais bien pour vous faire toucher du doigt les conséquences parfois paradoxales qui peuvent en découler.

Là, le coupable était le docteur à l'échographe. Bien. Supposons maintenant que ledit docteur ait dûment averti la maman et le papa, et que ceux-ci, va savoir pourquoi, peut-être par conviction religieuse, aient décidé de laisser naître l'enfant qui n'aurait pas dû. L'enfant grandit, prend conscience, comprend que c'est sa douce maman qui lui a joué ce tour abominable. Que fait-il ? La même chose. Un procès. Mais, cette fois, à la coupable, à sa chère maman. Logique, non ?

En fait, on sait bien que, lorsque l'enfant porte plainte contre le docteur, c'est, en son nom, sa maman qui agit. Il est mineur, et même frappé d'incapacité, il n'est qu'une marionnette dont les parents tirent les ficelles. Ces énormes dommages-intérêts perçus en son nom, c'est maman-papa qui les touchent et en usent. Pour son bien, cela va de soi. Peu de risques que maman-papa se fassent un procès à eux-mêmes, ou alors ils seront d'une honnêteté comme on en voit peu.

Résumons. Laisser venir à terme un fœtus qui, un jour, risque de devenir un individu qui vous fait un procès parce qu'il estime que la vie qui est la sienne ne lui convient pas, voilà ce qui pend au nez de tout médecin radiologue, de tout obstétricien, et même de tout père-et-mère. Qu'il soit mongolien (on dit « trisomique » dans la presse convenable. Combien de fois faudra-t-il te le répéter ?), ou manchot, ou cul-de-jatte (on dit... Oh, ça va !), ou aveugle, ou... Fuyez, fuyez, médecins, ces spécialisations funestes ! Parents, n'ôtez plus votre capote !

Un couple a parfaitement le droit de ne pas vouloir mettre au monde un enfant qu'on prévoit devoir être un paquet de souffrances, et même de ne pas vouloir d'enfant du tout. Mais condamner un médecin (ou quiconque d'autre) pour avoir « infligé » une vie qui se révèle après coup non désirée est pousser le droit d'avortement jusqu'à l'absurde, jusqu'à la caricature. Qui en décide ? L'enfant. Par la voix de ses parents. C'est tellement gros qu'on n'en revient pas. À croire que les parents sont des adeptes de « Laissez-les vivre » qui profitent du flou de la loi pour saper le moral des médecins... et palper des dommages-intérêts.

On nous brandit le spectre de l'eugénisme. Hitler, etc. Mais il est déjà là, l'eugénisme ! Il ne s'agit pas de forger une super-race d'Apollons, bien sûr, mais qui se privera de choisir le sexe de l'enfant, quand ce sera couramment possible ? Qui ne voudrait un fils costaud et intelligent, une fille jolie et, elle aussi, mais ce n'est pas absolument nécessaire, intelligente ? Qui ne pratique un eugénisme naïf – heureusement inefficace – quand il brûle un cierge à la Vierge « pour que ce soit un beau gars » ou quand il va consulter le marabout ?

Dernière minute. De plus en plus fort. La Cour de cassation récidive à l'occasion d'un autre cas semblable. Elle casse un arrêt de cour d'appel, estimant que l'indemnisation de l'enfant *(sic !)*, fixée à 650 000 francs, est trop mesquine. La mère réclame

4 millions et demi ! La chose semble donc se généraliser, et au galop ! Qu'on y songe : savoir que l'on risque de mettre au monde un futur handicapé grave qui, du seul fait qu'on ne l'a pas empêché de vivre, devient la victime d'une espèce de crime équivaut en pratique à rendre l'avortement obligatoire en cas de malformation décelable. On n'y est pas, là, en plein eugénisme ?

Ce qui nous amène, en pente douce, à la question du clonage dit « thérapeutique ». Les pas d'accord – dont, hélas, les Verts – protestent au nom du « pas naturel » (et tuer les microbes de la grippe, c'est naturel ?), brandissent les possibilités de dérapage aux conséquences terrifiantes liées au clonage humain. Guérir le cancer, le sida, les hépatites, corriger les malformations, tout cela vaut-il la peine de prendre le risque des armées d'esclaves décervelés et de tueurs-zombies du *Meilleur des mondes* ?

Eh oui, il existe, le risque : celui qu'ici ou là le clonage échappe au contrôle. Il y a toujours un risque. De toute façon, risque ou pas, une avancée scientifique débouchant sur une technique commercialement ou politiquement juteuse n'a jamais pu être muselée, et le fameux « principe de précaution » est toujours resté lettre morte. Un exemple simple est celui des centrales nucléaires. Dans ce cas, ce n'est même pas de risque qu'il s'agissait, mais bien de certitude : il est impossible de se débarrasser des déchets puissamment mortels. Cela n'empêcha nullement la prolifération des centrales et les déchets de s'accumuler sans qu'on sache quoi en faire à long terme.

Il est certain que le clonage utile se fera. Il présente trop d'intérêt pour des malheureux jusqu'ici sans espoir, et donc trop de fric à gagner pour des tas de gens. Les risques se multiplieront, et peut-être nous péteront au nez. Ça ne fera jamais que quelques risques de plus.

60 % des femmes battues n'aiment pas ça

La publicité, vous l'aurez peut-être remarqué, s'adresse volontiers aux femmes. Que ce soit à la télé pour celles qui restent à la maison aux heures où elles sont bonnes à piéger ou que ce soit dans les pages féeriques du magazine en couleurs qu'elles feuillettent d'un doigt distrait à l'heure du déj' sur le banc du square en bas du bureau tandis qu'elles grignotent un biscuit « Taillefine » dont un chien ne voudrait pas, on leur propose toujours la même chose, et on a bien raison, elles ne s'en lassent pas : des produits magiques pour rester (ou redevenir) minces, des crèmes magiques mais vachement scientifiques pour garder la peau de jeune fille qu'elles n'ont jamais eue mais dont elles ont toujours rêvé, des shampooings magiques... Depuis quelque temps, aussi, des compresses locales tellement absorbantes, tellement discrètes, que pisser sous soi devient un plaisir. (Vous les verriez rire entre copines, les petites sales, à l'idée qu'elles sont en train de tout lâcher, bien ensemble...) Quel que soit l'objet de la tentation, c'est-à-dire la saloperie que le margoulin veut leur refiler contre leurs euros durement gagnés, l'image d'elles-mêmes que leur renvoie l'écran ou le journal est enchanteresse.

Cette image ment. Par omission. Il manque quelque chose à la créature de rêve de l'image pour être conforme à l'original. Quelque chose d'essentiel. Il lui manque un œil au beurre noir. Quelques dents cassées, aussi. Un nez écrasé tout barbouillé de caillots. Car telle est la navrante réalité.

Il m'arrive de lire *Le Monde*. Rarement. J'en ressors à chaque fois épouvanté. Cette fois, c'était la femme. Plutôt : les femmes. Savez-vous – vous ne lisez peut-être pas *Le Monde*, ou pas les mêmes jours que moi – qu'une femme sur cinq est régulièrement démolie par son mari ou par son jules et que, l'une dans l'autre, les femmes meurent beaucoup plus souvent, toutes classes sociales confondues, sous les coups de leur conjoint que *« du cancer, de la malaria, d'un accident de la route et de la guerre, tout ça pris ensemble »* ? Pas n'importe quelles malheureuses petites épouses africaines livrées à des brutes incultes autant que primitives, non non. Les femmes d'Europe, parfaitement ! Nos mères, nos sœurs... Nos épouses, allais-je écrire.

Moi non plus, je ne le savais pas. Pas à ce point-là, disons. C'est l'abattoir. C'est le charnier.

Il est facile de juger moralement. De détourner vertueusement les yeux devant le spectacle dégradant d'un ivrogne éructant des obscénités en cassant les chaises sur la figure de sa femme terrorisée, sous le regard des enfants qui apprennent comment s'y prendre, et puis de rentrer, indigné, dans son intérieur douillet pour y flanquer une tourlousine à celle que tant on crut aimer. C'est reculer pour mieux sauter. On ne supprime pas les problèmes en se cachant la tête dans la pendule.

À la base, il y a un fait. Un fait d'observation. Ce fait est tel. Les hommes battent leurs femmes. Devant cette évidence, réaffirmée, chiffres à l'appui, dans *Le Monde*, par madame Anna Diamantopoulou, devant l'assemblée des ministres des nations européennes chargés de ces choses, il nous faut bien reconnaître que nous nous trouvons, non devant un phénomène épisodique et aléatoire, mais bien devant la manifestation d'une pulsion universelle faisant intrinsèquement partie des forces primordiales qui meuvent l'Univers.

Autrement dit, l'homme héberge en lui, foncièrement, naturellement, instinctivement, vitalement et imprescriptiblement le besoin de cogner sur sa femme. Un homme sur cinq, dans nos contrées démesurément occidentales, se laisse aller à cette saine pulsion. Les quatre autres se retiennent, font violence à la nature, répriment le plus spontané de leurs élans, ce qui, vous pensez bien, ne va pas sans dommages pour leur santé, tant physique que mentale. Les statistiques sont là pour le prouver.

Vous n'êtes pas sans avoir entendu dire, dans le poste ou au bistrot, que les femmes vivent plus longtemps que les hommes, scandaleusement plus. Le nombre de veufs est ridiculement bas par rapport à celui des veuves. Il serait intéressant de savoir quel pourcentage de ces veuves joyeuses étaient battues par leur mari, du vivant de celui-ci, bien entendu. Je vous parie bien que ce nombre, s'il n'est pas zéro, en est tout proche. Le mari se retient de cogner, il en meurt. Ces raclées rentrées ont raccourci sa triste vie. C'est de la science, cela.

Le mur du mensonge enfin s'abat. Nous nous apercevons que nous vivions sur des convictions purement mythologiques savamment entretenues par ceux à qui profitent ces choses. Par exemple, les dessins dits « d'humour ». Qu'y voit-on, neuf fois sur dix ? Une femme, une mégère, accueillant son mari de retour de bamboula dont le nez rouge, les colliers de serpentins et la bouteille dans son poing crispé disent assez le pénible état. Devant lui, l'épouse brandit le rouleau à pâtisserie dont on devine à quel usage elle le destine... Mensonge, mensonge ! Et dans quel dessein nous martèle-t-on ces impostures ? Dans celui de nous persuader, à nous qui ne battons pas nos femmes, que nous devons encore nous estimer bien heureux de n'être pas battus par elles, comme le malheureux du dessin.

Certains moralistes qui se targuent de sociologie insinuent que, le besoin de cogner étant donné, pourquoi l'intéressé n'irait-il pas l'exercer hors du cadre nuptial, par exemple sur les femmes de ses amis, ou bien dans un club sportif voué à ces arts que l'on se plaît à qualifier de martiaux ?

À ces gens, certes pleins de bonnes intentions mais manquant d'expérience sur le terrain, il est classiquement objecté que ça n'est pas du tout la même chose. Réponse qui, en général, clôt la discussion.

On pourrait penser, de façon un peu simpliste, que, l'homme ayant besoin de cogner, surtout sous l'influence stimulante de certains liquides qui le ravalent plus bas que la bête, du point de vue mental, mais qui, du point de vue physique, lui injectent la force du lion et de l'éléphant réunis, ayant, donc, besoin de cogner, cogne sur ce qu'il trouve sous la main, soit sa propre femme. Cette combinaison du moindre effort et du « faute de mieux » ne résiste pas à l'examen poussé. En effet, c'est intervertir les effets et les causes. Le besoin de cogner ne préexiste pas à la présence de la femme. Tout à l'inverse, c'est la vue de la femme qui suscite le besoin de cogner. C'est dans ce sens qu'il convient de pousser la recherche.

Cela dit, battre sa femme est dégueulasse. Mais vous aviez compris.

Ingrid, on t'aime !

Imaginez. Imaginez qu'un groupe armé d'extrême-marxistes purs et durs enlève Dominique Voynet et la retienne prisonnière dans la jungle impénétrable qui couvre les flancs des volcans d'Auvergne. Imaginez que, tandis que la pauvre Dominique se rongerait les poings loin de la scène politique, il se passe en France une élection présidentielle. Que croyez-vous qu'il arriverait ? Il arriverait ceci que, fortifiée par l'image de sa martyre, la cause des Verts susciterait un immense mouvement de sympathie parmi la population. Pour ne pas avoir l'air de vils peigne-cul, les gens au pouvoir feraient l'impossible pour racheter le précieux otage.

Bien. C'était un parallèle pour vous faire comprendre. Comprendre quoi ? Ce qui se passe en Colombie. Car ce qui se passe là-bas est tout à fait conforme à la fiction que je viens de tracer pour votre édification. Tout à fait, sauf la fin : le gouvernement colombien, absolument pas impressionné, rit à gorge déployée et laisse gentiment pourrir au fond de sa jungle humide la valeureuse Ingrid Bétancourt, au prénom viking et au patronyme bien de chez nous, tête de liste des Verts de par là-bas et candidate à l'élection présidentielle.

Pourquoi les pouvoirs qu'on se plaît à qualifier de

« publics » laissent-ils tomber la belle Ingrid ? (Elle est ravissante, dans le genre pasionaria.) Parce qu'ils savent que le peuple colombien n'a rien à foutre d'Ingrid, des Verts, ni de la politique en général. Loin d'attirer sur sa personne la faveur, la ferveur, qui s'éveillent spontanément au cœur des peuples opprimés (quel peuple ne l'est pas ?) pour les martyrs d'une cause (peu importe la cause), le peuple colombien a accordé 0,5 % de ses voix à Ingrid. Il est vrai qu'elle n'a pas eu le loisir de mener une campagne efficace !

Les rebelles marxistes se demandent maintenant si cet enlèvement a été la vraiment bonne idée qu'il paraissait être. Comme monnaie d'échange, Ingrid ne vaut pas un clou. Ils l'ont proposée contre la libération de quelques poignées de partisans qui trépignent dans des prisons gouvernementales à l'hygiène douteuse. On leur a ri au nez.

Ils commencent maintenant à entrevoir pourquoi cet enlèvement fut si facile. Ils s'étaient bien un peu étonnés, à l'époque (en février dernier), d'une espèce de laxisme, pour ne pas dire de complaisance, qui aurait dû leur mettre la puce à l'oreille... S'ils avaient su, ils auraient enlevé le pape, mais le pape ne vient pas ces jours-ci en Colombie, et puis, il y a ce truc en verre...

En attendant, l'adorable Ingrid, ils la tiennent, et même sa remplaçante avec, deux pour le prix d'une, et ils ne savent pas trop quoi en faire, et, naturellement, elles mangent leur part, le grand air ça creuse, voyez plutôt le succès des gîtes ruraux.

Mais peut-être l'ont-ils trouvé, quoi en faire ? Cet enregistrement (vieux de trois mois) qu'ils se sont décidés à transmettre au monde soudain apitoyé, ne serait-ce pas là la manœuvre ? En somme, Ingrid est vivante, plutôt en forme, et même elle fait un petit discours. Elle engueule le gouvernement qui ne bouge pas un cil pour la tirer de là alors qu'il suffirait d'un peu de bonne volonté, ce qui suggère que les ravisseurs ne sont pas de si mauvais bougres, au fond.

Et voilà que le monde, qui, jusqu'ici, ignorait jusqu'à l'existence d'Ingrid Bétancourt, s'émeut et se passionne. Voilà Ingrid en passe de devenir symbole. Si un Séguéla s'en était mêlé, ce serait déjà fait. Che Guevara commence à être mangé aux mites. Il faut rajeunir les héros. Je vois très bien le charmant et pathétique visage d'Ingrid, en contre-plongée, menton pointé et sourcil farouche, en portrait géant sur les murs, sur les banderoles...

Elle symboliserait quoi ? L'écologie ? Tu rigoles ! Tout le monde s'en fout, dans le tiers-monde plus qu'ailleurs. Quoi, alors ? Oh, ben, tiens : la liberté. C'est bon, ça. Assez vague pour plaire à tout le monde. La lutte contre le mondialisme cannibale ? Ça aussi, chacun y met ce qu'il veut... Bon, l'essentiel, c'est d'avoir le symbole. Le reste suivra. Regardez : Jeanne d'Arc. Elle part jouer avec les soldats sur son grand cheval, elle devient un symbole tellement gros, tellement éclatant qu'on lui fait dire ce qu'on veut. Elle sert à n'importe qui, à n'importe quoi, aux excités de Le Pen comme aux doigts crochus R.P.R. qui ont changé de sigle, mais moi, les sigles, hein... Je descendrais à la rigueur dans la rue pour Ingrid. Je ne sais pas si j'irais jusqu'à me laisser casser les dents.

Le gouvernement colombien annonce (il l'annonce depuis longtemps, cette fois, c'est peut-être pour de vrai ?) une grande offensive contre les forces rebelles. Peut-être lesdites forces rebelles vont-elles au cinéma ? Peut-être y ont-elles appris à s'inspirer de la scène finale de tout polar de série, vous savez, quand le salopard, sur le point d'être pris, coince la belle jeune fille sous son bras, devant lui, et lui plante un revolver sur la tempe ? En langage des sourds-muets, ça signifie : « Si vous faites une vraie grande offensive pas bidon, j'ai le revolver sur la tempe d'Ingrid, et maintenant le monde entier sait qui est Ingrid, et l'admire, et l'aime, et la vénère. Et qu'est-ce que vous dites de ça ? »

Le moins qu'on puisse dire, c'est que l'idée écologique a encore du chemin à faire pour pénétrer les couches populaires. Peut-être dresse-t-elle trop d'images bucoliques, carottes râpées et danses folklo, évocations peu propres à stimuler l'envie de descendre dans la rue, cocktail Molotov au poing. Un Che, mitraillette en bataille, est certes plus stimulant, il faut le reconnaître.

Le mouvement d'antimondialisation vient prendre le relais. La pipe de José Bové a quelque chose de viril sans l'aspect machine à tuer. Ça peut faire la transition. La protestation contre la mainmise de la finance sur nos petites vies possède une dynamique combative que ne saurait offrir la simple défense de l'environnement, qui n'en est qu'un aspect partiel.

En somme, il serait temps que ce qu'on appelle, en gros, « les idées de gauche » fassent l'objet d'une synthèse, d'une mise au point, pour établir une « doctrine » minimale, une plate-forme commune d'action excluant toute possibilité de malentendu. L'écologie, ou appelle ça comme tu voudras, est l'aspect le plus moderne du socialisme, car elle inclut le respect de tout ce qui vit, pas seulement du point de vue de son utilité pour l'homme (plutôt pour le profit de quelques-uns), mais simplement par la conscience de la solidarité entre passagers d'une même planète.

La fourrure revient !

Il n'y a pas de sot métier. Il y en a de bien cruels.

L'un des moins tendres, que l'on pouvait croire en voie d'extinction, se paie ces temps-ci une résurrection à grand spectacle. Il s'agit de l'industrie mille et mille fois scélérate de la fourrure, relancée à fond la caisse par les magazines destinés aux femmes et par l'inévitable grosse pute, j'ai nommé la télévision.

On a pu croire un moment que l'ignominie régressait. Que les femmes, enfin conscientes de l'imbécile massacre qui se dissimulait derrière la splendeur d'un manteau de vison (symbole suprême de réussite sociale ou putassière), s'étaient révoltées, avaient jeté à la face du tentateur (mari ou entreteneur) le cadeau chargé de crimes et de souffrance innocente.

C'étaient – rappelez-vous ! – les temps héroïques où de malheureuses filles s'enfermaient dans l'ascenseur d'un immeuble ultrachic avec une mémère emperlousée arrogamment encoconnée dans les dépouilles savamment apprêtées d'une vingtaine, voire d'une centaine de charmantes créatures que, pour leur malheur, la nature avait dotées d'une toison hélas trop belle. Entre deux étages, les fières guerrières brandissaient soudain fioles d'encre de Chine ou petits pots de peinture indélébile, flacons d'acide dévoreur de poils, rasoirs, ciseaux, chacune selon son style, et dévastaient comme à Verdun la mirifique fourrure. Ceci accompagné d'explications brèves mais éloquentes afin que la mémère (qui pouvait d'ailleurs être une jeune conne) sache bien le pourquoi de ce qui lui arrivait. Dans le feu de l'action, il pouvait se faire que lesdites explications s'exprimassent sur un mode véhément à l'excès, voire carrément ordurier, chose toujours regrettable, bien sûr, mais qu'il faut porter au compte de l'indignation devant tant d'ingénue cruauté en même temps que de pitié pour les innocentes créatures sacrifiées sur l'autel de ce que les chroniqueurs spécialisés en ces choses désignent par « le chic parisien », « le rayonnement de nos géniaux créateurs » et autres enculades mondaines.

Et donc, de nouveau, ils osent. L'accalmie n'avait été qu'un repli momentané. Sur nos petits écrans, les défilés de longs veaux exsangues aux moues de mépris qui, d'ordinaire, promènent sous le nez des altesses blasées et des acheteurs japonais leur maigre cul avec un peu de chiffon autour martèlent désormais le plancher, enveloppés des orteils au chignon dans des capes (ou appelle ça comme tu voudras) plus vastes qu'une chambre de bonne – plus y en a, plus c'est cher, plus c'est cher, plus c'est chic – en tortillant du fion comme on le leur a appris à l'école de mannequins afin de faire valoir le lustre et le moelleux de la parure volée aux bêtes assassinées.

On a, donc, failli y croire. Que le temps des massacres était fini, ou finissait. Que les mordus de la fourrure avaient découvert les attraits du synthétique et se roulaient nus dans l'acrylique accueillant en poussant le grand cri de l'orgasme accompli sans que les pince le remords du crime préalable. Que les fourreurs s'étaient reconvertis dans l'ersatz de fantaisie... C'était méconnaître la nature profonde de l'homme, et surtout de sa femme (ou de sa secrétaire).

Ah, soupirent les vrais connaisseurs, c'est que l'imitation, aussi soignée soit-elle, n'a pas le lustré, le moelleux, le je-ne-sais-quoi d'inexprimable qui ne se trouve que dans le naturel ! Ils ont raison : imiter la fourrure, c'est regretter la fourrure, c'est entretenir la nostalgie. Il aurait mieux valu n'y plus penser, bannir tout rappel de la toison animale... Oui, bon. C'était pour la transition. Toute transition est piège.

Un ours, c'est beau. Une femme, c'est beau. Une peau d'ours, c'est beau sur un ours, pas sur une femme. (La réciproque est vraie : mettez une peau de femme sur un ours...) L'attachement à l'authentique cache beaucoup d'hypocrisie, une hypocrisie qui arrive à se piéger elle-même : au fond, ce qu'ils aiment, sans se l'avouer, c'est le crime initial. Le massacre. Le dépeçage de la peau sanglante. Une fourrure est un trophée. Trophée de victoire pour la femme qui sut l'arracher au pingre, trophée pour le mâle qui étale sur sa femelle le signe éclatant de sa réussite. Mais, surtout, trophée sanglant pris sur le fauve, comme aux âges farouches. Une fourrure, ça pue la mort. C'est du meurtre par trappeur et fourreur interposés.

La preuve qu'ils aiment la mort : il n'y a pas si longtemps, les femmes portaient des renards en tour de cou. Savez-vous quoi ? On leur laissait la tête. Elle pendait gentiment sur l'épaule de la jeune fille de bonne famille, s'appuyait à sa joue, gueule entrouverte, yeux (de verre) qui vous fixaient... Ne leur manquait que la parole. Savez-vous quoi encore ? Il existe des gens de goût qui posent leurs petits petons sur une descente de lit faite de la peau entière d'un ours, d'un lion, d'un tigre... Là encore, gueule ouverte, mais menaçante, tous crocs dehors, yeux de verre comme si on y était. Vaincre, c'est tuer. Exposer le cadavre de l'ennemi, c'est proclamer sa victoire.

Quoi de plus déprimant qu'un animal « naturalisé », c'est-à-dire empaillé ? Plus c'est « criant de vie », plus ça pue la mort. Il y en a pour collectionner ces cadavres, s'en entourer. Il rôde une sale espèce de folie, là-dessous.

Revenons à notre offensive des honnêtes artisans fourreurs. Doit-on y voir une conséquence du marasme russe ? Beaucoup des fourrures les plus précieuses viennent de là-bas. Les Russes ont désespérément besoin de fric... Va-t-on voir renaître la guerre sainte des filles au grand cœur contre les mémères à fourrure ? Mémères, soyez vigilantes ! Ne vous laissez jamais enfermer en tête à tête dans un ascenseur avec une jeune personne au regard farouche. Surveillez les mains de quiconque vous demande son chemin.

Mais la race des amazones anti-chasse, anti-fourrure, anti-corrida, anti-tout ce qui est beau, quoi, est-elle toujours vivace ?

Causons cul,
mais pour le bon motif

Interdire le porno... Rouvrir les bordels... Les préoccupations de nos édiles, ces temps-ci, sont centrées sur une zone bien précise : le cul.

C'est pain bénit pour les magazines et les faiseurs de « débats » télévisés : on peut titrer gras sur le cul sans avoir à chercher le prétexte noble. Tu parles que je ne vais pas m'en priver ! En avant donc, pleins feux sur l'abominable entre-cuisse, ses banlieues, ses merveilles, ses problèmes.

La pornographie, c'est-à-dire l'exposition à ciel ouvert des organes sexuels humains, masculins ou féminins, qu'ils soient au repos ou en action, fascine les petits enfants bien avant que ne leur soient venues les premières poussées de l'élan sexuel. Cette fascination ne fera que croître au cours de leur vie, jusqu'à l'obsession pour peu qu'ils soient portés aux excès. Pourquoi cela ? Parce que c'est défendu. Tabou. Caca. Ce qui est interdit incite au sacrilège.

Il est à noter que notre civilisation est la seule qui professe l'horreur de tout ce qui touche au sexe. C'est la faute à Yahvé et à son fiston. Or il se trouve que cette civilisation-là s'est imposée au monde entier. Même les régimes se proclamant athées, comme les communismes russe ou chinois, ont hérité des façons occidentales, donc « judéo-chrétiennes », de concevoir la dignité et les bonnes manières : ils se veulent plus puritains encore en ce qui concerne le sexe.

Un très apprécié sujet de discussion mondaine est la subtile différence entre érotisme et pornographie. L'érotisme est censé effleurer les choses, poétiquement, délicatement, se tenant bien loin de toute vulgarité. La pornographie serait la brutale façon d'appeler les choses par leur nom, de les décrire ou de les montrer en action sans en rien cacher. L'érotisme serait alors l'apanage des gens de goût et d'éducation, la pornographie le cloaque où trouvent leur épais plaisir les gros cochons et les vicieux. Ça nourrit des affrontements distingués dont le principal attrait est de pouvoir parler cul en esthètes désireux de s'instruire.

En fait, où s'arrête l'érotisme de bon ton, où commence le vilain porno ? Et même : y a-t-il vraiment une différence entre les deux ?

Tous deux se proposent le même résultat, qui est de troubler les sens, d'éveiller ou de chatouiller le désir sexuel. Seul diffère le moyen, ou plutôt le degré de crudité du propos. En ce sens, le porno est une branche de l'érotisme. Si l'évocation, par Flaubert, d'Emma Bovary se faisant sauter dans le fiacre en y mettant toute son âme vous amène à la masturbation (cas extrême) ou tout au moins vous plonge dans un état d'émotion sensuelle savoureuse, alors nous dirons que les magistrats qui condamnèrent Flaubert pour immoralité avaient raison. La simple évocation (talentueuse !) de ce qui se passe dans le fiacre et de l'état intime de la pauvre Emma a suffi pour obtenir le même résultat que la lecture de Sade, ou de Miller, ou de San Antonio, qui, eux, font dans la pornographie la plus débridée... Question de nuance, donc ? Branlette pour âmes délicates d'un côté, pour grosses brutes de l'autre, en tout cas : branlette (que les mains y prennent part ou non !).

Il n'y a donc pas, d'une part l'érotisme, évocation éthérée pour gens du monde, d'autre part la pornographie, délectation grossière, mais bien deux façons de mettre en action l'érotisme, c'est-à-dire de troubler les sens. Il en existe d'ailleurs bien d'autres encore.

Ouh là ! Mais où tu vas, comme ça ? D'après toi, il faudrait interdire tout ce qui trouble les sens, à commencer par l'érotisme poétique, puisque le résultat est le même, c'est-à-dire celui qu'on reproche précisément aux spectacles porno ?

Tu as mis le doigt dessus. Les petits enfants n'ont pas attendu les films porno de la télé, ni les cassettes X, pour être fascinés par tout ce qui touche au cul des filles et ce qu'on rêve d'en faire. Il se trouve que j'ai été moi-même un petit garçon, ça a beau être loin je m'en souviens parfaitement, et je peux affirmer qu'à Nogent-sur-Marne, à partir de six-sept ans, on ne parlait que de ça, entre nous : le cul. On n'en avait jamais vu, bien sûr, mais on savait que c'était tout noir plein de poils, avec du rose au milieu et un trou pour y fourrer une queue, notre queue. On en rigolait, on répétait des blagues salaces qu'on ne comprenait pas bien, on regardait les petites filles en se disant qu'elles auraient un jour ce truc incroyable entre les cuisses, plus tard on mettait en commun les sous fauchés dans le morlingue de nos vieilles pour acheter des journaux « de cul », *Séduction, Paris-Hollywood,* où il y avait des filles plus ou moins à poil mais toujours affolantes... Nos parents ne soupçonnaient rien de tout ça. L'eussent-ils su que ça aurait déclenché l'horreur suprême et les baffes. N'avaient-ils donc pas été enfants eux-mêmes ? Les parents d'aujourd'hui sont-ils moins coincés ?

Si les films porno avaient existé à l'époque, il est

certain que nous nous serions débrouillés pour nous en régaler. Le trouble des sens obtenu aurait-il été plus intense ? Impossible : nous touchions déjà au sommet. La « chose » y aurait perdu du mystère, ça oui. L'attrait puissant de l'inconnu aurait disparu. Quoique... Le merveilleux trouve toujours à se loger quelque part.

On peut aussi considérer que le porno, c'est ce qui commence APRÈS, quand l'histoire jusque-là convenable parvient à son terme : ils s'aiment, ils ont surmonté épreuves et angoisses, enfin les voilà réunis, ils se marient et ont beaucoup d'enfants. Fin. Mais si nous ne nous contentons pas de cela, si nous voulons aller au-delà du mot « fin », les voir mettre leur amour en action, là commence le porno. Gros plan sur ce qu'il nous faut bien appeler une vulve, d'une part, un pénis (restons poli) d'autre part. Mignardises variées, pénétration, pistonnage, « Ah, ah ! », « Ah oui, je la sens ! », « Défonce-moi, vas-y ! », giclée terminale, enfin, bon, tout ce que font d'heureux jeunes mariés pourvus de tout ce qu'il faut.

Alors ? Il y a porno dès qu'il y a un témoin ? Porno égale voyeurisme ? Je vous laisse cet intéressant sujet de dissertation scientifique comme entrée en matière pour subjuguer votre prochain flirt.

Interdire la prostitution. Pourquoi ? Parce qu'elle est devenue trop visible, trop insolente. C'est toujours la même chose : dès qu'on n'est pas extrêmement vigilant, elle envahit tout, les putes jaillissent du bitume... Tout au long de l'Histoire – de la nôtre, du moins –, il y eut mainte tentative pour l'extirper. Même Saint Louis, le roi qui devait demander à sa maman la permission d'aller coucher avec sa femme, même lui dut renoncer, tolérer les putes dans un ghetto, qu'elles débordèrent bientôt. Interdisez les putes, elles deviennent clandestines, leurs macs deviennent bandits, la criminalité règne comme en Amérique sous la prohibition.

Mais tout est changé ! Les bandits sont déjà là ! Les mafias de l'Est et leurs esclaves terrorisées ! Il faut faire quelque chose ! J'en suis bien d'accord. Tapons sur les proxos, sur leurs mafias, tapons fort... Or, que fait-on ? On a trouvé : on condamne le client ! Mais, il n'y a pas de loi... Pardon : exhibitionnisme, ils font ça dans la voiture. Mais ma voiture est un domicile, donc inviolable ! S'il y a des rideaux... Vous voyez où l'on va. Jamais il n'est question d'une grande battue aux proxénètes, d'une action européenne massive contre les mafias.

Autre idée : afin de libérer la rue, on parque les filles au bordel. Pour les mêmes motifs moraux et sociaux qu'on les ferma jadis. Et voilà le grand débat lancé pour amuser le gogo : pour ou contre la réouverture ?

Je serais bien incapable de prendre parti. Il y a des faits d'évidence : la prostitution, tolérée ou clandestine, existe et existera toujours. Plus elle est clandestine, plus elle est entre les pattes de proxénètes de tout poil. Pourquoi ne serait-ce pas un métier comme un autre ? Parce qu'il y a le tabou du sexe, du cul infernal. Pourtant... Il est normal qu'on monnaie ce qu'on a à vendre. Si l'on a un don, comme Picasso, par exemple, on vend ses toiles à des prix fabuleux. Personne n'y trouve à redire. Picasso a la chance d'être né avec ce don (et avec la capacité de le travailler et de le commercialiser !). La beauté d'un corps de femme, l'art de s'en servir, la gentillesse, tout ça, pourquoi ne serait-ce pas monnayable honorablement ? À condition qu'il n'y ait pas un vampire pour en frustrer la femme.

Le problème n'est pas bordel ou pas bordel. Il est : protéger la femme. Et donc : guerre aux proxos. Il y a une tradition dans le bon public : les maquereaux sont protégés parce que, tous, sont des indicateurs de police. Hmm... Peut-être le petit julot-casse-croûte des films d'avant-guerre, mais je ne vois pas en quoi sont utiles les manitous grands hommes d'affaires qui gèrent les mafias. Trop forts ? Ou alors, leur utilité, c'est dans les hautes sphères de l'État qu'elle opère ? Là comme ailleurs, le grand banditisme et la politique... ?

Polar popote

Qui regarde la télé la semaine entre quatorze et dix-sept heures ?

Les ménagères en dessous et au-dessus de cinquante ans ? Oui. Les retraités encore sur pied ? Non, ceux-là, ils bêchent le jardin pour se prouver que leur cancer du genou n'est que de l'arthrite. Les congés de maladie ? Non, ceux-là, ils sont au bistrot à tenter de faire des brèves plus belles que les vraies. Les gosses qui sèchent l'école pour cause de grippe ? Non, ceux-là, c'est du porno ou rien, alors ils relisent *Astérix*. Donc, les ménagères au-dessous et au-dessus, et personne d'autre.

Que regardent-elles, les ardentes ? *Derrick*. Et aussi les autres, quand il n'y a plus de *Derrick : Le Renard (Der Fuchs), Rex (Rex)*. Allemand, tout ça. Le gris-vert y domine. Production accélérée. L'usine à bretzels. Dame, il faut fournir ! Ils fournissent. Il doit exister un Hollywood secret quelque part dans les épaisses forêts de Bavière. Même les Américains n'arrivent pas à suivre le train. En ce moment, ils écoulent une série de *Perry Mason*, l'avocat devenu tellement gros qu'il ne peut pas se baisser, c'est Della Street, sa secrétaire pâmée depuis soixante ans, qui se fait craquer le corset pour ramasser l'indice imparable.

Tout cela très classique. Un macchabée dès les premières images, quatre ou cinq suspects ayant tous un mobile, du sang plein les mains et un alibi tellement bidon que même la spectatrice en trouve un meilleur. Naturellement, à l'ultime minute, le coupable démasqué n'est aucun de ceux-là. Ce n'est pas non plus le policier, la règle du jeu l'interdit, et aussi on a besoin de lui pour l'épisode de demain... Ça se regarde d'un œil, en poussant l'aspirateur ou en prenant une tasse de thé avec le facteur.

La question est : qui a été assez malin pour prévoir que les femmes, formées à l'asservissement télévisuel par les sucreries roses de la première chaîne, aux mêmes heures, délaisseraient les romances d'amour, de jalousie, de cheveux bien laqués et de décolletés plongeants comme sur le catalogue des Trois-Suisses pour des Derrick engoncés de lainages sous leurs impers mastic telles des momies pharaoniques ? Abandonner *Les Feux de l'amour* pour venir tournailler comme mouches à viande autour d'un cadavre et d'un éventuel assassin dont, au fond, on se fout qu'il soit celui-ci ou celui-là, voilà qui, de la part de nos pétulantes plus ou moins quinquagénaires, devrait poser problème.

Ça, ce sont, comme je vous disais, les polars d'après-déjeuner et d'avant le goûter des gosses. Du fretin. C'est pourquoi les Français n'y figurent pas. Les Français ne font que dans l'Art. Exception culturelle. L'Art veut la nuit. La solennité de la digestion du soir, sur le canapé, cognac au poing. *Navarro* tient la vedette. Hanin, chemise ouverte mais de soie, sévère mais humain, séducteur qui s'empâte mais justement, le moelleux corrige la mâchoire... *Julie Lescaut*, la concierge échappée à l'escalier... *Une femme d'hon-*

neur... Tant et tant ! À noter la montée irrésistible de la fliquesse : gendarmette tout en cuisses et en corsage, madame commissaire vêtue en pute, madame le juge presque à poil, inspectrice trapue aux appas concentrés sous le tailleur masculin... Si les Derrick de l'après-midi s'adressent aux dames épouses en leurs solitudes, les femmes-flics du soir visent carrément les mâles au-dessous de la ceinture. Tout cela bien banal, bien-pensant, bien édifiant. Le flic est parfois rude, mais c'est qu'en face on ne fait pas de cadeau. La fliquesse est humaine, au fond. L'énigme est ce qu'elle est, du prêt-à-porter ni plus ni moins que celles de l'après-midi, avec en plus quelques poursuites en bagnole et courses sur les gouttières, les cascadeurs vous font un prix. À noter : toujours intercaler, juste avant l'arrestation finale, l'épisode de la jeune fille serrée d'un bras par le misérable qui lui colle de l'autre main un pistolet sur la tempe. Absolument obligatoire. Nota : la violence de la scène ressort mieux si un sein de la fille s'échappe du corsage déchiré et si sa jupe remonte au-dessus de la ligne de flottaison. Du vécu.

Les Américains sont peu présents en soirée. Mais ils écrasent tout. Vedette hors concours : Columbo, le petit Ritalo-Yankee cradingue, trop cradingue pour être vrai. Les Américains ne savent pas faire dans la nuance : d'un petit bonhomme génial qui se fout de son aspect, ils font un clodo. Peu importe. Columbo est adulé des femmes qui déversent sur lui des tonnes d'instinct maternel à résonances vaguement incestueuses. Les maris ne voient pas cela, ils aiment aussi ce minable justement parce qu'il est minable, servile, faux jeton, tout le contraire d'eux-mêmes, quoi. Le génie, ils le lui pardonnent.

Avec l'arrivée en masse des femmes flics s'est produite l'arrivée des problèmes de femme. Deux bons tiers de la durée d'un polar moyen (surtout français) sont gâchés par les préoccupations qui emplissent la vie des femmes : d'abord, ce sont presque toujours des divorcées avec enfant(s), enfants emmerdants, qui veulent de la présence, qu'on s'intéresse à eux, alors que maman rentre harassée et que le téléphone sonne pour une urgence juste lorsqu'elle plonge les nouilles dans la casserole. Ou alors, c'est le mari, ou le jules, qui s'est fait beau pour cette soirée dans le monde si importante pour son avenir et, crac, « ... Vite ! Un mort... ». Ce coup-là, on nous le fait aussi quand c'est l'homme le flic. Enfin, bref, deux tiers du film n'ont rien à voir avec l'affaire, mais nous plongent dans l'univers popote-lessive-pleurnicheries de l'arrière-plan de la vie du flic, le côté « humain », dont on se fout complètement, on n'est pas là pour du social. Pas mélanger les genres.

Cet aspect « humain », je pense, est destiné à nous rendre le flic, la fliquesse, sympa. Semblable à nous. Empêtré dans les mêmes emmerdements dévoreurs de vie. Une seule série, à mon avis, réussit à être convaincante. Ça s'appelle « PJ », je crois, ça se passe dans un petit commissariat du canal Saint-Martin, c'est aussi pute que les autres mais c'est bien joué.

Eh ! Quoi ? Tu oublies Maigret. Autant dire le meilleur ! Oui. Et c'est pour ça. Maigret, c'est Simenon. Maigret, dorénavant, c'est Cremer, et ça, c'est du cinéma. Pas de la popote. Après les tristes gesticulations d'un Jean Richard, un auteur a enfin trouvé son interprète. Et madame Maigret n'emmerde pas son grand homme quand il part en pleine nuit. Elle lui dit : « N'oublie pas ton cache-nez. »

J'ai vu « Bachelor », il est plus beau que moi

Puisqu'il en est tant parlé, j'ai voulu savoir. Je n'allais pas rester le seul cornichon en France à n'avoir pas son mot à dire quand la conversation roule à toute vapeur sur le passionnant sujet : « Bachelor, le gentleman célibataire ». Alors, j'ai pris mon courage à deux mains et j'ai branché le machin sur le truc, en me jurant de ne pas décrocher avant la fin.

J'ai tenu le coup. Mieux : je n'ai pas été déçu. Je m'attendais à une flaque de diarrhée du genre « Loft Story » ou « Star je ne sais plus quoi ». J'ai eu ça, en beaucoup plus grandiose dans la connerie, et surtout en éblouissant de cynisme dans la cruauté.

Bon. Vous l'avez vu, vous aussi. Peut-être même suivez-vous la chose d'épisode en épisode, en discutez-vous avec les copains-copines, non, ne protestez pas, vous êtes accro, comme tout le monde, c'est forcé, c'est fait pour.

Je n'ai sans doute pas tout compris, puisque je l'ai pris en route. J'ai reconstitué la règle du jeu, tant bien que mal, d'après l'épisode. Alors, voilà, c'est simple : il y a un paquet de filles, très belles, très très, et un gars qui veut se marier, très riche, très très. Les filles doivent le conquérir, il les essaie l'une après l'autre, il en élimine une ou deux de temps en temps, jusqu'à ce qu'à la fin il n'en reste qu'une, qu'il épouse. Encore une fois, c'est ce que j'ai cru comprendre.

C'est poétique à la louche. Clairs de lune, croisières, tête-à-tête, charme... Je suppose qu'il couche, mais pas dans l'épisode que j'ai vu. Dommage. Là, c'était un épisode douloureux. Il en balançait une. Très romantique. Elles sont quatre. Il a trois roses à distribuer. Suspense. Tremblements. Battements de cœur. Et larmes, larmes, vraies larmes pour la jetée à la poubelle. Et pour ses papa-maman, collés au petit écran. Et pour la France entière, qui pleure dans l'assiette à dessert. Et pour moi, qui pensais « Pauvre gosse ! Elle y croyait, elle s'est faite belle – ah, ces robes fendues de partout, ouh là là ! –, elle lui a peut-être fait des pipes super en y mettant tout son cœur, à ce grand con avec ses oreilles rouges, il l'a emmenée canoter au bois de Boulogne, ou bien manger du caviar aux Bahamas, et total... » Et puis je me suis dit que la délaissée, au vu de ses larmes – très grosses – et de son cul – très beau –, allait recevoir des tonnages de lettres de consolation, d'amour, pleines d'obscénités et d'offres de mariage, et j'ai conclu que j'étais bien con, avec ma pitié, que ces pisseuses, de toute façon, avaient tiré le bon numéro : elles étaient passées à la télé, leur cul fabuleux avait eu la plus fabuleuse publicité.

Le public, lui, ne pense pas si long. Il souffre avec, le public, il pleure, il dit : « Quel con, ce mec ! Un goût de chiottes ! Il vire la plus bandante ! Ah, si c'était moi... »

Le plus navrant, c'est que le spectacle comporte la visite aux candidats beaux-parents. Reçus dans le joli salon meublé avec goût, thé, petits gâteaux, sourires, petits doigts en l'air... Quel crève-cœur pour ces braves gens ! Et puis je me dis que tout ça a été minutieusement préparé d'avance, repérages avant tournage, emplacement de chacun, répétitions, tout réglé au petit poil, hé là, c'est du spectacle, pas de ratés, si ça se trouve le « salon » familial est un angle entre deux murs dans un coin de hangar... Prestige de la télé ! Les parents sont vrais ou pas, et je m'en fous. S'ils sont vrais, le prestige de la télé en a fait des saletés de maquereaux.

Non. Celui qui souffre, qui a payé pour souffrir, et qui aime ça, et qui en redemande, c'est le public. Aussi vachard, aussi charognard qu'il est con. Il pleure avec les filles, il boit leurs larmes et les siennes, il bande comme un fumier de sadique au grand cœur qu'il est. Là, on atteint des sommets dans l'exploitation du voyeurisme hypocrite. Oh, je leur fais confiance ! Ils trouveront encore plus fort, le chemin est tracé, suffit de continuer dans le même sens.

Je me pose des questions. Vous qui suivez l'histoire depuis le début, vous pourrez peut-être me répondre.

D'abord, le « célibataire Bachelor » – pléonasme bilingue, clin d'œil aux érudits ! – est-il un vrai de vrai millionnaire, et doit-il épouser pour de vrai la pétasse à la dernière rose ? Ou bien est-ce un acteur qui cachetonne ? Ou bien encore, a-t-il été choisi après une sélection sauvage parmi des bons cons de candidats, et dans ce cas, qu'en sera-t-il ? Touchera-t-il le gros lot pour nourrir la mémère de la dernière rose ? Si mariage il y a, sera-t-il célébré en grande pompe – et grande télé – à la Madeleine ? Faut mettre les curés dans le coup, si possible l'archevêque, le public aime.

Je me marre quand j'imagine les répètes avant les scènes d'amour – si spontanées ! –, avant les éliminations – si douloureuses ! –, les raccords, les reprises, les larmes qui coulent mal à propos ou ne coulent pas...

Pour les femmes, c'est de l'émouvance à la tonne. La midinette est comblée. Pour les mecs, c'est bandant comme un défilé de mode qui durerait, avec ce con de Bachelor qu'on hait en mâle concurrent mais auquel, bien forcé, on s'identifie.

L'épouse pleure, l'époux bande, allons, les enfants, il est l'heure d'aller au dodo !

La guerre du foulard n'aura pas lieu ?

Pour les amateurs de paradoxes, voici une pièce superbe à ajouter à leur collection : la droite devenue championne de la défense de la laïcité en France ! Quand il n'y a plus de gauche, cette niche écologique se trouve vacante, et, vous savez ce que c'est, la nature ayant horreur du vide, comme dit mon voisin de palier, la droite omniprésente et omnipotente la remplit aussitôt à ras bord.

« *Très préoccupé par la montée des communautarismes...* » – ça veut dire fanatismes, mais sans faire de peine aux fanatiques –, le chef de l'État a réuni une Commission afin de régler une bonne fois pour toutes ces querelles de foulard qui menacent de tourner à l'affaire Dreyfus.

Dans cette Commission, pas de professionnels de la religion, curés, pasteurs, rabbins, imams et autres gourous. Mais des croyants, oui. C'est-à-dire des gens téléguidés par des professionnels. Des agnostiques, aussi, c'est-à-dire des gens téléguidés par personne : la non-foi est purement affaire d'amateurs. Ça va discuter ferme. S'empoigner, peut-être.

Que peut-il en sortir ? Les croyants, pratiquants ou non, sont en majorité dans cette Commission, fidèle reflet, en raccourci, de la société française. Française, heureusement : aux États-Unis, elle ne comprendrait nul athée – baptisé ici « agnostique », toujours pour ne pas faire de peine aux fanatiques. Enfin, bon, ces gens de bonne volonté qui, pour la plupart, croient en un être transcendant et dont cette croyance constitue la base, le but et la règle – suivie ou non – de leur existence, vont essayer de mettre au point les modalités de cette chose qu'on appelle « laïcité » et qui consiste à supporter que d'autres résolvent d'une manière différente leur besoin de transcendance mais le fassent chez eux ou dans les lieux prévus pour ça, en oubliant leurs croyances ou, en tout cas, en s'abstenant de les proclamer ostensiblement dans les lieux ouverts à tous, en particulier à l'école.

La mise en pratique du principe de la laïcité a pu, tant bien que mal, s'exercer pendant les trois premiers quarts de ce vingtième siècle qui vient de nous quitter. Un de ses préceptes, celui qui interdit toute exhibition d'insignes, badges, objets du culte, etc., dans l'enceinte des lieux scolaires, put être mis en pratique sans trop de tiraillements. On décrocha les crucifix des salles de classe, les petites filles laissèrent dans le tiroir de la table de nuit la jeannette en or, cadeau de leur marraine, ou bien l'enfouirent sous leur pull-over, les enfants juifs renfoncèrent leur kippa dans leur cartable, et bon. C'est que ces bons dieux-là n'exigeaient pas, comme acte de foi, que les fidèles arborassent en toute circonstance un signe proclamant fièrement leur croyance à la face du monde.

La survenue en masse de l'islam et sa présence en tous lieux compliquèrent le problème. Surtout pour les filles, censées affirmer à tout moment, non seulement leur foi, mais leur sexe, par le port d'un voile, à la rigueur réduit à un foulard symbolique. Ne pas porter le foulard serait un péché, pis : un reniement.

Les garçons n'arborent aucun accessoire de ce genre. Parce que le foulard veut symboliser la sujétion du genre féminin au masculin, et aussi dissimuler la chevelure, instrument de séduction dont la vue est réputée obscène à l'égal de celle des jambes, du nombril et de toute surface trop charmante du corps de la femme. D'où les demandes consécutives de dispense des cours de gymnastique et de natation.

Je ne sais pas si le port du voile ou du foulard est expressément prescrit par le Coran ou s'il n'est qu'un fait coutumier imposé par une tradition, par une « culture de harem » remontant, comme la circoncision, aux âges d'avant l'islam. Je constate simplement que des femmes turques, algériennes, tunisiennes, à la foi musulmane indiscutable, s'abstiennent de porter le foulard. Il semblerait que la tendance (récente) à l'obligation du foulard marche de pair avec les progrès de l'intégrisme – encore une fois pour ne pas dire « fanatisme ».

Ah, que c'est bon, d'être sans dieu ! Ou plutôt, d'avoir décidé assez tôt que certaines questions que notre esprit se pose n'ont pas de réponse, qu'y répondre par des actes de foi est tricher avec soi-même, et que si – pourquoi pas ? – il existe un Être suprême, il est impossible qu'il soit le misérable tyran jaloux, borné et vindicatif que les hommes ont créé à l'image de leur peur. S'il y a un dieu, il ne peut pas me punir pour ne pas croire en lui, puisqu'il m'a créé tel.

La prière ! Ils se fabriquent un dieu qui sait tout, et ils le prient pour lui raconter leurs misères et le supplier de foutre en l'air tout l'univers afin de leur faire réussir le bac ! Car la moindre prière exaucée ne pourrait l'être qu'à ce prix-là...

Dieu m'a mis là, qu'il s'en démerde !

Le seul vrai progrès qu'on puisse souhaiter à l'humanité, ce n'est pas que les différentes religions se tolèrent l'une l'autre, comme des boutiques concurrentes bien obligées de se supporter, mais bien qu'elles meurent toutes ensemble dans un énorme éclat de rire. Oui, ce n'est pas demain la veille...

Adorable Némésis

Émouvante Mme Érignac. Sublime Mme Érignac. Adorable Mme Érignac. Elle est parfaite. Trop parfaite ? Ce ne sont pas les médias qui s'en plaindront ! Attention, je ne persifle pas. Je n'ai nulle intention de faire de mauvais humour à propos de la veuve de l'assassiné. Ce que j'écris là, ces cris d'admiration, ce sont des cris du cœur, du « premier degré », comme il se dit. Elle est jolie, elle a une classe folle, elle est discrètement bon genre, elle porte son chagrin avec une dignité surnaturelle. Jusqu'à sa voix, douce, noble, cristalline, qui lui gagne les cœurs... J'écrirais, si ce n'était blasphémer – tant pis, je l'écris : exactement la veuve qu'il fallait. On a envie de se jeter à ses pieds en sanglotant pour lui jurer de la venger. Ou de l'épouser. Vous tous qui avez éprouvé cela – je le sais ! – ne me jetez pas la pierre.

Un procès est un spectacle. Ne serait-ce que par la mise en scène. Du rouge, du noir, du blanc. Du pathétique à la louche. Il n'y a que les acteurs qui, trop souvent, laissent à désirer. Accusés et témoins sont rarement à la hauteur. Alors, quand on dispose d'une Mme Érignac aussi miraculeusement douée pour le rôle, quel régal pour les caméras ! Elles ne s'en sont pas privées.

La divine surprise de l'arrestation d'Yvan Colonna n'a pas tellement influencé les débats. Les accusés s'en tiennent à leur système de défense. Chacun reconnaît qu'il « y » était mais que ce n'est pas lui qui a tiré les trois coups de feu dans le dos du malheureux préfet et que ce n'est pas non plus l'un ou l'autre de ceux qui s'« y » trouvaient. Puisque le préfet a été abattu comme un lapin, il faut bien que quelqu'un ait tiré. Si la justice ne parvient pas à désigner un coupable de façon formelle, elle ne peut accuser les huit bonshommes que de complicité. Même pas : de s'être trouvés là où il se passait quelque chose. Ça rappelle ce vieux polar qu'on vient justement de repasser à la télé, *Le Crime de l'Orient-Express*, je crois, ou quelque chose comme ça. Ils se sont partagé la culpabilité à douze. Chacun a frappé, chacun a tué, tous sont coupables, individuellement et collectivement. Du coup, Hercule Poirot, écœuré, laisse tomber.

Tout porte à croire que la sensationnelle arrestation de Colonna avait beaucoup plus à voir avec le « référendum » du lendemain qu'avec le procès. L'effet est raté, la Corse a voté « non ». Que va-t-on faire de Colonna ? Lui non plus n'a pas tué, ses complices le clament haut et fort. Donc personne n'a tué, donc tout le monde a tué. Le tribunal, dépassé par le dilemme, fera-t-il comme Hercule Poirot ? Est-ce cela qu'on a voulu suggérer en repassant ce vieux film « culte » ?

C'est en tout cas la solution suggérée par l'avocat corse. Appuyée, il est vrai, d'un cours de psychologie collective corse. Le peuple corse ne comprendrait pas qu'on juge ces assassins en assassins. Entre Corses, l'assassinat s'appelle affaire d'honneur. S'il est plus ou moins politique, alors, là, c'est du pur sacrifice à l'Idéal. Les continentaux ne peuvent pas comprendre. Les continentaux sont épais : ils voient un cadavre criblé de balles, tout de suite ils parlent de crime. Nous, on leur dit « Attention ! Il y a le Code, d'accord, mais entre gens d'honneur on n'a rien à faire de ces paperasses. La loi prévoit des châtiments, cela va de soi. Mais il y a le sentiment de la justice dans le cœur des Corses. Punir ces gens comme la loi le prévoit serait ressenti comme une profonde incompréhension par le peuple corse. Et quand le peuple corse s'estime victime de l'incompréhension, Dieu seul sait à quelles impulsions de désespoir il peut se laisser aller. »

Les continentaux, ces gros pas fins, appelleraient ça « menace ». Ou chantage. Les continentaux voient le mal partout. Tu héberges un criminel en fuite, te voilà complice du crime. Quelle grossièreté ! Nous, en Corse, nous appelons ça « hospitalité ». Et l'hospitalité, c'est sacré. Car nous sommes un peuple fier. Quiconque se réfugie chez nous devient l'hôte. Même s'il s'agit d'un « estranger » ? Même s'il s'agit d'un, disons, Arabe ?... Ah, vous voyez bien, les continentaux, comme vous avez l'esprit tordu ! Tout de suite chercher la petite bête !

J'écrivais cela, vous l'aurez compris, alors que le verdict était en suspens. Il vient de tomber. Il n'a pas frappé aussi fort qu'il aurait pu. Il a quand même frappé plus fort que les Corses ne l'eussent voulu. Trop fort, donc. La Corse pleure. La Corse ne répond plus de rien. Les larmes des Corses sont des bombes. La France s'attend à un terrorisme non basané. On n'en a pas fini avec Vigipirate.

Et la douce Némésis de la vengeance, je veux dire Mme Érignac ? La dernière fois que je l'ai vue, elle souriait dans *Paris Match*. Sarkozy lui avait apporté la tête d'Yvan Colonna en guise de boîte de chocolats. Sur deux pages, le sentimental ministre racontait son amour sans espoir, sa cour assidue, sa quête éperdue de l'insaisissable meurtrier dont, comme Salomé exigeant d'Hérode la tête de Jean-Baptiste, l'altière veuve plaçait la capture comme condition suprême de son agrément. C'est une happy end. Qu'ils soient heureux.

Ah, oui : la belle fille blonde qui, tout au long du procès, rigolait à perdre haleine sur le banc de la presse, dans le bas et à gauche de vos petits écrans, c'est Jeanne, la reporteresse-dessinateuse de *Charlie Hebdo.* Je vous le dis avant que vous ne me le demandiez.

Supplément aux travaux d'Hercules

Ça commence comme un conte cruel : « Le Petit Chaperon rouge s'en allait dans les grands bois... », le Petit Chaperon rouge étant ici une gracieuse – ô combien gracieuse ! – jeune femme qui, au lieu de ravauder les chaussettes de son époux, fait dans la politique, les grands bois, l'impénétrable forêt amazonienne, poumon de la planète – c'est même pas vrai, le poumon, le producteur d'oxygène, c'est les algues vertes qui flottent dans la mer qu'on voit danser, la mer –, et le grand méchant loup, ce sont les guérilleros du F.A.R.C. (Forces armées révolutionnaires de Colombie, au cas où, comme moi-même, vous ne l'eussiez pas su).

Ah, oui : le Petit Chaperon rouge s'appelle Ingrid Bétancourt. Que la cohabitation d'un prénom scandinave et d'un patronyme plus français que nature ne vous déconcerte pas : elle est colombienne, et même, comme je vous disais, femme politique colombienne.

C'était censé continuer comme un James Bond de la bonne époque : à la fin, les méchants cruellement bernés, le super-gorille et la belle sauvée *in extremis* fondus ensemble dans un baiser limaceux et interminable. C'était censé...

Oui, mais, ça a foiré. L'épisode de départ, rien à dire. Ingrid s'avança dans la forêt – après avoir eu soin d'annoncer qu'elle y allait –, frêle et menue, les bras ouverts, armée de sa seule beauté et de sa candeur écologiste. Le grand méchant loup, je veux dire le F.A.R.C., dit : « D'accord, mignonne ! Puisque c'est ce que tu veux... » et la prit dans ses pattes velues, et l'emporta dans ses repaires, et emporta du même coup sa dame de compagnie, qui n'est pas mal non plus mais tout de même pas aussi belle qu'elle, comme il se doit.

Pour le F.A.R.C., c'était un otage. Un otage de plus. Parce que des otages, le F.A.R.C., il en a à ne savoir où les mettre. Huit cents, au moins. Ça bouffe, les otages. Et ça salit. Donc ça coûte, et c'est du travail. Ingrid fut entassée avec le lot là où ça s'entasse, la dame de compagnie aussi, en vrac. La dame de compagnie, une fille vraiment dévouée et qui savait se tenir à sa place, avait beau tirer par le pan de chemise les terribles guérilleros qui passaient à portée en leur criant d'une pauvre voix enrouée – à force ! – : « Vous avez ici une sainte, une envoyée du Ciel, celle qui peut tout réconcilier, vous sauver et sauver la Colombie, bref, une députée ! », elle avait beau, ils la rabrouaient durement, renfonçaient leur pan de chemise là où ça se renfonce et ricanaient en se bourrant le pif de bonne cocaïne moulée à la louche comme chez grand'mère.

Ah, oui : cocaïne. J'allais oublier. Les guérilleros règnent sur un immense empire où croît la plante divine d'où suinte le suc des rêves grandioses et des projets fabuleux, j'ai nommé la coca. Donc les guérilleros sont riches. Très riches. Tellement riches que... Je ne trouve pas de comparaison. Enfin, bon, ils ne prendraient pas des otages pour les rendre contre rançon, vous pensez bien. Ce qu'ils auraient voulu, c'est échanger tout le paquet d'un coup, les huit cents, c'est ça, contre un paquet à peu près équivalent de guérilleros en bon état de marche qui croupissaient et croupissent toujours dans les geôles sans confort du gouvernement régulier. Pas question d'opérations de détail, c'était tout ou rien. Ingrid était une unité parmi les unités du tas, rien ne la distinguait, sinon sa lumineuse beauté, mais si ce détail donnait des idées à quelque guérillero romantique, ça pouvait se régler gentiment sans en faire une affaire d'État.

Ingrid a une sœur, Astrid – leur maman doit avoir été une enthousiaste d'Ibsen –, laquelle vit en France, patrie des droits de l'Homme et qui s'en flatte. Elle a aussi un copain, vieille relation de fac, qui se trouve exercer – provisoirement ? – la profession de ministre des Affaires étrangères. Il est beau gosse, il a du prestige, il vient de presque faire échouer la guerre d'Irak, il a tout à fait réussi à ruiner l'industrie hôtelière française en en détournant le flot attendu des dollars, enfin, bon, vous voyez, ce n'est pas n'importe qui.

Astrid lui dit : « Sauve Ingrid ! » À peine eut-elle dit, un avion militaire français atterrissait au Brésil, tout près de la frontière colombienne. Un gros avion. Ce qu'il y a de plus gros : un Hercules, monstre volant qui peut t'emmener douze tanks et leurs équipages au bout du monde, il est comme ça, Dominique. Il n'a pas prévenu le Brésil. Ah, bon ? Il aurait dû ? Il y avait dans le monstre quelques James Bond qui devaient se faufiler en Colombie, chez les guérilleros, et là... Quoi ? Leur faucher Ingrid et la dame de compagnie à la faveur des ténèbres ? Ou bien – c'est ce qu'insinuent les mauvaises langues – les leur échanger contre une pleine cargaison d'armes de première qualité – d'où l'Hercules colossal – et aussi leur rendre le petit service d'emmener en France se faire soigner le numéro deux de la bande tracassé par sa prostate ?

On peut épiloguer. Toujours est-il qu'un aéronef du

volume d'un Hercules, même atterrissant sur la pointe des pieds, ça se remarque. Il fut remarqué, l'alerte donnée, le garde champêtre brésilien verbalisa. On excipa d'une mission médicale autant qu'humanitaire destinée à s'assurer du bon état de santé d'Ingrid – et, pour faire bon poids, de celui de la dame de compagnie –, ce qui parut tout de même un peu léger aux Brésiliens, lesquels voulurent voir l'intérieur de la grosse bête pour vérifier qu'elle ne contenait que la petite mallette d'une pharmacie d'urgence. On ne permit pas, l'avion étant « territoire français ». Je vous jure !

Les guérilleros firent les pas au courant. On se demande bien pourquoi. Étant de toute façon hors la loi, qu'ont-ils à perdre ? Le Brésil déclare qu'il ne tiendra nulle rigueur de l'épisode à la France. Il a bon caractère, le Brésil. Car enfin, on a violé son espace aérien, on a envahi son territoire, on a monté chez lui une opération de commando contre un pays voisin... Autant de *casus belli.* La Colombie, elle aussi, passe l'éponge. Et bon.

Ingrid reste prisonnière. Villepin est – encore ? – ministre. J'ignore ce qu'est devenu l'Hercules avec son mystérieux contenu. Vous en savez autant que moi. La petite Trintignant est morte au cours d'une querelle de ménage, c'est drôlement plus passionnant, au moins on pleure. Ah, si Ingrid était morte, ne serait-ce qu'un petit peu...

Braguettes en berne

Entendez-vous, sur la France humiliée, crépiter en avalanche de mitraille les brèves de comptoir ? Consternation nationale, mais aussi sujet inépuisable de commentaires ricanant jaune, la nouvelle est tombée, implacable : le Français n'est plus le champion du monde de la prouesse sexuelle. Sur la tour Eiffel, le drapeau est en berne.

C'est dur à encaisser. Le seul domaine où nous excellions, où nous pédalions loin en avant du peloton, la seule discipline sportive où le Gaulois était certain de ramener à tous les coups une médaille d'or pour peu que le sport plumardier accédât aux honneurs de l'admission aux jeux Olympiques – ce qui ne saurait tarder –, voilà que, là encore, le sort nous trahit.

Devons-nous y voir un aspect particulier du fléchissement général du tonus français ? Se faire ridiculiser par des Hongrois, quelle honte ! Cent cinquante-deux rapports sexuels par an, parfaitement, alors que nous nous traînons loin derrière avec nos piteux cent quarante-quatre coups au but ! Alors que les Bulgares, les Russes et je ne sais quels autres exotiques nous passent sous le nez, nous reléguant à la cinquième place du classement général...

Le coude sur le zinc du troquet, on ergote, bien sûr. L'initiateur de la compétition – un fabricant de préservatifs qui, à mon avis, doit fabriquer également des tétines – n'a tenu compte que du nombre de coups tirés, c'est-à-dire de la quantité de liquide séminal envoyée là où la nature et Sa Sainteté Jean-Paul II préconisent que la chose s'envoie, ou bien projetée en jet d'arrosoir par les libres espaces comme il est préféré dans les cassettes porno dont les petits enfants font leurs délices à l'heure où papa-maman, ayant ou non participé au championnat mondial sponsorisé par l'honorable négociant en accessoires de caoutchouc, dorment dans la chambre conjugale, à moins encore que ladite semence de futurs chômeurs ne soit allée s'amasser en une masse lactescente dans le prolongement extensible prévu justement pour l'accueillir que l'ingénieux industriel a ménagé à l'extrémité de l'élastique auxiliaire des voluptés, cas le plus probable puisque, tout compte fait, cette épreuve sportive a pour but premier la promotion publicitaire et commerciale de ladite marchandise, point à la ligne, ouf.

La quantité, donc. Bien piètre référentiel quand il s'agit d'amour, proclament les accrochés au zinc, qui s'y connaissent en sentiments. Le nombre de coïts ? Peuh ! Délicatesses de butor... Nous, ce serait plutôt la qualité. Nous, on fignole, nous. On l'emmène avec nous, la dame. Au ciel. Quitte à y mettre le temps qu'il faut. Les tendresses. Les procédés. Les recettes ancestrales. Ah, mais, on ne renâcle pas, nous ! Pas comme ces cosaques qui foncent dans l'ouverture, plongent dans la barbaque et s'enfoncent là-dedans à grands coups de cul, grognant comme des ours, et puis s'abattent comme des souches, ronflent sur la bête, tels qu'ils sont tombés, sans se préoccuper de comment la mignonne a participé à la fête !

Évidemment, dans ces conditions, c'est facile de faire du chiffre ! Pendant que nous autres, perfectionnistes, nous menons à bien notre aimable excursion à deux au paradis, ces cochons-là ont le temps de tirer trois coups, trois coups salopés. À ce rythme-là, c'est quatre cents coïts par an qu'ils devraient afficher ! Donc, des feignants, en plus.

Et des menteurs, tiens donc ! Qui fut interrogé ? Des hommes, des mâles, des mecs. Rien que le fait de se restreindre à la quantité de coups tirés sent son macho à plein nez. Je suis sûr que des dames eussent répondu différemment. D'abord, elles eussent rougi. Ou alors, toutes des salopes. Ayant rougi, elles eussent parlé sentiment, yeux baissés. Eussent évoqué, justement, le savoir-faire. Les préliminaires. La conversation. Leur besoin de graduation dans la progression vers la conclusion. Leur appréhension. Leurs « Non, je vous en prie ! » et « Je ne suis pas celle que vous croyez ! » avant de céder. Ou alors, toutes des veaux.

Une femme digne de ce nom ne tient pas une comptabilité des coups tirés, comme au billard. Entre les mains d'un amant expert et suffisamment épris – pas trop épris : la passion est mère des ratés –, elle oublie tout, elle n'est plus qu'extase s'envolant vers les sommets inouïs, elle n'est plus là, elle plane dans une dimension inconnue, une dimension où l'on ne trace pas des traits sur le mur pour marquer les points.

Français qui pleurez votre déconvenue, voilà ce qu'il faut que vous vous disiez. Au Hongrois hirsute la palme du bulldozer, au *French lover* la séduction, la finesse, l'efficacité. On ne compare pas une corde à nœuds à de la dentelle de Valenciennes. Tiens, prends mon mouchoir.

Accessoirement, cette « enquête » nous apprend que 17 % d'Américains et d'Australiens « font état d'au moins une expérience homosexuelle ». Ça doit vouloir dire quelque chose. Je ne vois pas trop quoi.

Surprise au marathon des pantoufles ! Pépé talonne mémé

Un phénomène étrange passionne les milieux scientifiques – et donne de la copie aux journalistes, dont moi-même. Il est tel : les femmes des pays où l'existence est relativement confortable, lesquelles jouissaient jusqu'ici d'une espérance de vie considérablement plus copieuse que les hommes (huit ans et davantage), sont peu à peu en train de perdre ce privilège.

C'est un point sur lequel elles ne réclamaient pas que soit appliqué le fameux principe de parité. Elles nous enterraient tranquillement et envisageaient sans déplaisir leur futur avenir de veuves joyeuses. Fini tout cela, en tout cas pour très bientôt.

Ce n'est pas tellement dû au fait qu'à leur tour elles meurent dans la fleur de l'âge, pas du tout. Elles ont même obtenu des prolongations. Mais nous autres, les mâles valeureux, avons relevé crânement le défi et avons progressé plus rapidement qu'elles sur la piste de la vie éternelle ici-bas.

Voilà qui leur rabattra quelque peu le caquet. Nous avons tous gagné une poignée d'années de vie en plus, nous plus encore qu'elles, mais ne soyons pas arrogants, ayons le triomphe modeste, c'est la noble loi du sport.

Et puis, quelques années de rab sont toujours bonnes à prendre, même si ce sont des années de vieillesse. Car ce sont des années de vieillesse, eh oui. Si on avait eu le choix, on aurait sans doute choisi de se prolonger par l'autre bout, celui des joues roses et des filles en fleur. Mais bon, ces années-cadeau sont des années-poubelle, on traînera les pantoufles, on crachera dans la sciure du chat et on fera chier les enfants, petits-enfants et arrière-petits-enfants jusqu'à ce qu'eux-mêmes étrennent les premiers rhumatismes. Crever le plus tard possible est le seul idéal qui s'offre à l'humanité éprise de compétitivité.

J'oubliais : il est un autre défi qui nous tend les bras. Non seulement traîner notre carcasse puante de plus en plus loin sur la route fleurie de l'avenir, mais battre les femmes ! Réduire l'intervalle, inverser la tendance, et les coiffer au poteau de la longévité indéterminée ! Examinons un peu où en sont les adversaires.

Les hommes, jusqu'à ce jour, fumaient comme des cheminées de remorqueur. Les femmes, non. À part quelques bêcheuses à la George Sand qui portaient pantalon et couraient en cachette vomir derrière le paravent. Ces temps bucoliques sont révolus. Elles s'y sont mises pour de bon, et ça ne fait que commencer. Dans une vingtaine d'années, le cancer du fumeur sera devenu le cancer de la fumeuse. Car nous, nous arrêtons. La fumée nous fait tousser. Nous sommes devenus douillets.

Celui des deux, dans un couple, qui pue le tabac froid, c'est elle, dorénavant. Je ne sais pas si vous l'avez expérimenté par vous-même, mais l'odeur du tabac froid exsudée par l'être aimé et convoité est puissamment anti-aphrodisiaque. D'où l'actuelle irrésistible vogue de l'homosexualité masculine. C'est un fait, les pédés ne fument pas, ou alors un tabac parfumé.

Donc, elles embaumeront le vieux culot de pipe. Et,

conséquemment, nous ne banderons plus. C'est injuste, s'écrient-elles, quand c'était à vous d'exhaler une infâme fragrance de chiottes d'usine où l'on se cache pour en griller une, il fallait bien que nous subissions vos étreintes, et que nous nous pâmions de bonheur ! Là, nous rétorquons, avec un sourire d'indulgente supériorité : Peut-être, mesdames, mais n'oubliez pas que, dans l'amour, l'homme est l'élément dynamique, la femme, réceptacle adorable, étant tributaire de la disponibilité de l'homme à la – passez-moi le mot – remplir.

L'odeur de la femme nicotinophile devenant incompatible avec la capacité érotique utilisable de son partenaire, l'amour s'enfuit à tire-d'aile.

Me suis-je bien fait comprendre ? Baisant moins, nous vivrons plus vieux. Encore un élément qui va dans le sens de la victoire masculine. Nous ne serons pas gais, certes, mais là n'est pas la question.

Dans leur rage pour la course à l'égalité des sexes, elles prennent la place des hommes en des postes qui devraient leur donner à réfléchir. Ces têtes folles ne deviennent-elles pas soldats ? Et même kamikazes ? Alors que nous, depuis que la conscription obligatoire n'est plus de mise, nous évitons soigneusement toute occasion de fraterniser avec un fusil et nous nous gardons bien, même pour rendre service, d'aller déposer un paquet suspect sous le banc du métro.

Pour nous résumer, toutes les bêtises que nous avons expérimentées et rejetées, voilà maintenant qu'elles les découvrent, et s'y ruent, et avec quel enthousiasme ! Elles descendent, nous montons. Qui a dit « La femme est l'avenir de l'homme » ? Ricanons ! L'avenir de l'homme, c'est l'homme. Quant à la femme, il faudra bien que nous apprenions à nous en passer.

La petite menteuse et le président

Voyez, quand le destin s'en mêle ! L'épisode de la dame mythomane soi-disant agressée racialement dans le R.E.R. et presque aussitôt démasquée est tombé à point pour illustrer la causerie magistrale que vous eûtes le bonheur d'apprécier ici même la semaine passée.

Il y était traité, souvenez-vous, du mensonge en général et du serment en justice en particulier. Vous en avez fait votre profit, j'espère. Je vous en prie, ne vous attardez pas sur l'opportunité de mon intervention, pas plus que sur sa pugnacité. Je ne faisais que mon métier. Cet épisode, cependant, surtout par ses suites, appelle plusieurs remarques hautement pertinentes que je ne crois pas inutile de souligner ici puisque l'occasion m'est donnée de le faire.

Tout d'abord, il nous faut bien admettre que le mensonge, tout rocambolesque qu'il fût, a fonctionné, dans un premier temps, comme une mécanique parfaitement réglée. Tout le monde a marché. Que dis-je ? A couru ! À quoi cela tient-il ? Voyons cela d'un peu plus près.

Le succès de ce gros mensonge procède, entre autres, de ce que la menteuse a utilisé des éléments *plausibles.* Retenez ce mot. Elle a dit avoir été agressée dans le R.E.R. par des jeunes. Elle n'a pas précisé « basanés » et terminant chaque phrase par « Quoà ? », du moins les médias ne l'ont-ils pas mentionné, mais cette précision était superfétatoire, tout un chacun complétait automatiquement dans son for intérieur. Donc, l'habile truqueuse eut soin de ne pas s'écarter du quotidien de la vie tel que chacun le vit ou le fantasme. Qui irait mettre en doute le fait d'une agression par des jeunes – sous-entendez « voyous », sous-entendez « basanés » – dans un wagon du R.E.R. ? C'est chose tellement courante qu'on n'y prend même plus garde, demandez plutôt à M. Sarkozy.

Deuxième touche dénotant un génie de l'affabulation : les injures et voies de fait à caractère raciste. Tout à fait dans le vent, ces temps-ci. Les croix gammées sur le ventre dénudé font pendant aux croix gammées goudronnées sur les tombes juives. Toujours se placer dans le sens de l'Histoire.

Coup de pinceau final où se dévoile le grand maître : les voyageurs – une vingtaine de gaillards apparemment en bonne santé – laissent faire, baissent le nez, regardent ailleurs, malgré les cris de détresse de la malheureuse victime. Là, nous atteignons au sublime. « C'est tellement vrai, se dit tout un chacun. Les gens sont tellement lâches ! Ah, si j'avais été là, moi... » Donner au lecteur, à l'auditeur, l'occasion de toucher du doigt sa supériorité morale, c'est la cerise sur le... Oui.

C'était parfait, ça ne pouvait que réussir. C'est bien ce que ça a fait. Trop, hélas.

La chose, voyez-vous, était trop grandiose. Il faut proportionner les moyens à la fin. La fin, ici, était modeste. Il s'agissait, pour cette dame, d'éviter une rencontre où devait, si j'ai bien compris, se régler l'échéance d'une dette dont elle n'avait pas le premier sou. Occurrence pénible, certes, mais qui ne nécessitait pas la mise en œuvre de moyens aussi énormes. Elle fit donner l'artillerie lourde là où un bon petit mensonge pépère eût suffi. Un peu comme un gosse qui, pour ne pas affronter une interrogation de maths, ferait sauter l'école à la voiture piégée. (Remarquez, peut-être un certain nombre d'attentats, à Bagdad, s'expliquent-ils ainsi...) Enfin, bon, elle a, comme dit Racine (dans *Bérénice*, je crois), poussé le bouchon trop loin. Le but était de ramener un mot d'écrit signé du flic de planton au commissariat pour excuser son absence au rendez-vous. Elle a obtenu le chambard que l'on sait, avec discours solennel du président de la République en bout de parcours. La grande chasse aux vilains racistes était ouverte sur tout le territoire national et tout particulièrement dans les wagons du R.E.R. et lieux attenants.

Aussi quand, le lendemain, vint l'effondrement, c'est un édifice colossal qui s'écroula. Et le président eut bonne mine. Son énergique discours, si opportun la veille, si tellement apprécié par les connaisseurs, devenait soudain un ramassis de rodomontades séniles éructées par un jobard victime d'une petite menteuse même pas ministre ! Il essaya de rattraper le coup dans son allocution du 14 juillet. « D'accord, affirma-t-il, c'était une fausse alerte, cette fois. Mais n'empêche, faut être vigilants ! Le racisme montre son vilain groin, et si cette fabulatrice s'en est servi, c'est bien parce qu'il existe. Ah ! Et qu'est-ce que tu réponds à ça ? »

Mouais... Le même jour, en plein défilé, un de ses beaux gardes républicains tout dorés que le monde nous envie se cassait la gueule du haut de son grand dada. Devant les British en bonnet à poil et veste écarlate prêtés par la Reine. Vous savez comment sont les Anglais : toujours prêts à rigoler des malheurs des Français, en toute Entente cordiale, ça va de soi.

Enfin, bon, not' président Chirac qu'on a maintenant était en colère. Il rongeait son frein. C'est Sarkozy qui a tout pris. Mais alors, la dégelée ! Le protocole n'autorise pas l'usage des mots « trou du cul » dans les discours officiels et interviews à la bonne franquette. Pourtant, ce sont ceux qui résument le plus fidèlement l'essentiel de la pensée du grand homme outragé.

Sarkozy, pas gêné. Il distribuait les poignées de main à la ronde avec ce bon sourire qu'il a et qui signifie clairement : « Cause toujours, grand con ! Je tiens le bon bout. »

J'aimerais savoir si la responsable de tout ça, je veux dire la petite dame du R.E.R., a réussi à faire repousser la fatale échéance. Avouez qu'elle l'a bien mérité !

De l'arme absolue

Au commencement des commencements, quand un homme désirait posséder un objet qu'un autre homme possédait, par exemple sa part d'aurochs tué à la chasse, ou sa descente de lit en peau de léopard, ou une de ses femmes, la petite avec un grain de beauté qui tortillait si joliment des fesses, ou son couteau de silex à huit lames, eh bien, la seule façon de procéder qui s'offrît à lui consistait à prendre cet objet, par la force s'il était suffisamment musclé, par la ruse s'il était suffisamment rusé. D'une façon comme de l'autre, il lui fallait s'approcher tout près de cet autre homme car, en ces temps circonspects, chacun gardait ses trésors tout près de sa personne et ne s'en séparait jamais.

C'était, vous l'aurez compris, un exercice fort dangereux. Devenir riche par ce moyen exigeait beaucoup de courage et de détermination. S'il s'agissait de la femme, par exemple, celle au grain de beauté, oui, il pouvait très bien se faire qu'elle se mît à crier, vous savez comment elles sont, et il s'ensuivait un certain désordre peu propice aux affaires.

Cette façon d'agir, allez savoir pourquoi, bien que simple et efficace, était mal vue de ceux qui possédaient des choses, surtout de ceux qui en possédaient beaucoup. Ceux-là ne se déplaçaient qu'entourés de tous leurs biens, certains inertes comme les menhirs et les statues de leurs bons dieux, d'autres mobiles comme leurs femmes, leurs maîtresses et leurs petits enfants. Les biens mobiles portaient sur leur dos les biens inertes, il faut de l'organisation, dans la vie.

Ah, oui : les hommes qui possédaient des choses avaient flétri ceux qui essayaient de s'approprier ces choses du vilain nom de « voleurs ». C'est celui que nous emploierons désormais dans la suite de cet exposé.

Les voleurs, donc, prenaient de gros risques. S'ils se faisaient prendre, on leur coupait je ne sais quoi et ils devenaient eunuques au service du possesseur des biens qu'ils avaient voulu voler.

Cela dura longtemps ainsi. Cela aurait pu durer toujours. Mais les ressources de l'esprit humain sont infinies. Un jour, un voleur qui suivait depuis un bon bout de temps un possesseur d'une grande quantité de biens, tant mobiles qu'inertes, les uns portant les autres comme j'ai eu l'honneur de vous le dire, un voleur, répété-je, qui désespérait de pouvoir mettre la main sur l'objet qu'il convoitait tout spécialement, en l'occurrence une superbe rousse odorante portant un demi-mammouth sur la tête, s'avisa soudain qu'une autre des choses mobiles femelles appartenant visiblement à ce gros type s'était arrêtée au bord du sentier et, assise sur un gros caillou qui se trouvait là, était fort occupée à extraire une épine de son pied d'albâtre. Elle était superbe, apparemment en excellent état de fonctionnement.

Le premier mouvement du voleur fut un réflexe de voleur. Son deuxième mouvement fut que cette femme était brune, d'un brun profond, or, lui, c'était la rousse qu'il désirait. Sous l'emprise de la déception, il leva sa massue pour écraser cette malvenue... et resta le bras en l'air. Une idée lui était venue.

Cette idée était comme je vais vous dire. La femme brune ne portait aucun fardeau. De surcroît, ses poignets étaient ornés de bracelets où alternaient l'améthyste et l'os de poulet, tandis qu'à son cou d'albâtre – aussi, oui. Elle était tout en albâtre – pendait un somptueux collier de têtes de lapin et d'émeraudes assez belles, ma foi. De l'observation rapide de ces détails, ce voleur déduisit – on ne savait pas encore déduire, mais il était en avance sur son temps, et la preuve –, déduisit, donc, que cet objet mobile femelle au poil noir devait représenter une valeur sentimentale très grande pour son possesseur, et que donc... Mais voyons-le agir.

La femme brune l'avait aperçu. D'un bond elle s'était levée et ouvrait la bouche pour crier, comme elles font toutes, rappelez-vous. Il la fit taire comme ils font tous : d'un bon coup de massue là où ça se donne pour faire taire sans abîmer la marchandise, et juste assez fort pour obtenir le résultat souhaité. Ceci accompli à la satisfaction générale, notre voleur – je peux bien dire « notre », maintenant on se connaît – chargea la dame brune sur son épaule et l'emporta en un lieu qu'il savait, l'y dissimula avec soin et courut rejoindre le gros père et sa riche caravane. Arrivé à portée de voix, il cria :

– Ho, toi, Untel, n'as-tu rien perdu ?

Ainsi interpellé avec une familiarité frôlant la grossièreté, cet homme, qui ne s'appelait même pas Untel, si ça se trouve, fit du regard le tour de ses richesses, en comptant sur ses doigts. Il fut bientôt renseigné. Il pâlit :

– Monique ! Où est Monique ?

Le voleur demanda :

– Monique, c'est la grande brune avec le collier et les bracelets ?

Le richard confirma :

– C'est elle. Ma Monique ! Sais-tu où elle est, ô voleur ?

Le voleur ricana :

– Je le sais, ô riche. Et même, moi seul le sais. Elle te sera rendue si tu me donnes la rousse odorante. Si tu refuses, je la tue. Si tu me fais du mal, elle mourra de faim. Voilà. C'est un bon plan. J'espère que je ne me suis pas trompé quelque part.

Le riche réfléchit, réfléchit, et ne trouva aucune autre solution au problème que celle suggérée par le voleur. Ainsi fut fait. Le chantage aux otages était né.

On ne sait pourquoi, cet ingénieux et économique moyen de pression n'eut longtemps qu'un usage limité. Ce n'est qu'au vingt et unième siècle que les hommes comprirent vraiment ce qu'il pouvait être : un terrible instrument de guerre. Un instrument de guerre qui efface les suprématies militaires, qui joue uniquement sur la sensibilité des peuples et la couardise des dirigeants.

Un tout petit groupe met la main sur une poignée de citoyens d'un puissant pays, et dit : « Si vous ne nous donnez pas ça et ça, nous les tuons. » Quoi que fassent les dirigeants, ils auront la moitié du pays contre eux.

« Vous, au nom de la laïcité, interdisez à l'école un usage que notre dieu à nous nous prescrit, or pour nous Dieu prime tout, y compris ce que vous appelez laïcité, et nous utilisons le chantage aux otages pour vous forcer à céder. »

C'est la fronde de David contre Goliath... Après tout, les « grandes » puissances ont joué assez longtemps du chantage nucléaire. Chacun son tour.

Table

Du même auteur

Aux Éditions Albin Michel

LA GRANDE ENCYCLOPÉDIE BÊTE ET MÉCHANTE
LA NOUVELLE ENCYCLOPÉDIE BÊTE ET MÉCHANTE
NOS ANCÊTRES LES GAULOIS
LE TEMPS DES ÉGORGEURS
LETTRE OUVERTE AUX CULS-BÉNITS
LES RITALS
LES RUSSKOFFS
BÊTE ET MÉCHANT
LES YEUX PLUS GRANDS QUE LE VENTRE
MARIA
L'ŒIL DU LAPIN
LES ÉCRITURES
LOUISE LA PÉTROLEUSE *(théâtre)*
ET LE SINGE DEVINT CON *(L'Aurore de l'humanité I)*
LE CON SE SURPASSE *(L'Aurore de l'humanité II)*
LES FOSSES CAROLINES
LA COURONNE D'IRÈNE
LE SAVIEZ-VOUS ?
LES AVENTURES DE NAPOLÉON
COUPS DE SANG
CŒUR D'ARTICHAUT
LA DÉESSE MÈRE
LE HUN BLOND
LA HACHE ET LA CROIX
LE DIEU DE CLOTILDE
MIGNONNE, ALLONS VOIR SI LA ROSE..
LE SANG DE CLOVIS
LES ÉCRITURES, LES AVENTURES
DE DIEU ET DU PETIT JÉSUS
L'ADIEU AUX REINES

Chez d'autres éditeurs

Éditions Hara-Kiri (repris par Archipel)

4, RUE CHORON

Jean-Jacques Pauvert

STOP-GRÈVE

DROITE-GAUCHE, PIÈGE À CONS

Julliard

(Collection « Humour secret »)

CAVANNA

L'École des loisirs

(Adapté en vers français par Cavanna)

MAX ET MORITZ, *de Wilhelm Busch*

CRASSE-TIGNASSE *(Der Struwwelpeter)*

Hors Collection (Presses de la Cité)

MAMAN, AU SECOURS !

LES GRANDS IMPOSTEURS

DIEU, MOZART, LE PEN...

TONTON, MESSALINE, JUDAS...

L'Archipel

LA BELLE FILLE SUR LE TAS D'ORDURES

DE COLUCHE À MITTERRAND

Hoebeke

LES DOIGTS PLEINS D'ENCRE

LES ENFANTS DE GERMINAL

(Avec Robert Doisneau)

SUR LES MURS DE LA CLASSE

LES ANNÉES CHARLIE (Collectif)

Presses de la Cité

JE T'AIME

(Avec Barbe)

Terre de brume

AU FOND DU JARDIN

(Avec Patricia Méaille)

Composition Nord Compo
Impression Firmin-Didot, juin 2005.
Éditions Albin Michel
22, rue Huyghens, 75014 Paris
www.albin-michel.fr

ISBN 2-226-15985-1
N° d'édition : 23487 – N° d'impression : 73792
Dépôt légal : juin 2005.
Imprimé en France.